백점

BOOK 1 개념북

사회 3·2

구성과 특징

BOOK ❶ 개념북

검정 교과서를 통합한 개념 학습

2022년부터 초등 3~4학년 사회 교과서가 국정 교과서에서 **11종 검정 교과서**로 바뀌었습니다.

'백점 사회'는 **검정 교과서의 개념과 자료를 통합적으로 학습**할 수 있도록 구성하였습니다. 단원별 검정 교과서 학습 내용을 확인하고 **개념 학습, 문제 학습, 마무리 학습**으로 이어지는 3단계 학습을 통해 검정 교과서의 통합 개념을 익혀 보세요.

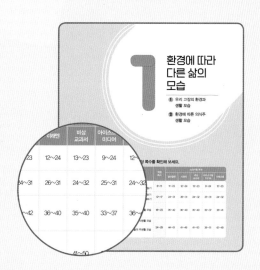

---

1 개념 학습 ▷▷ 2 문제 학습 ▷▷

◊ 검정 교과서의 내용을 통합한 **핵심 개념**을 익힐 수 있습니다.

◊ **교과서 통합 대표 자료**를 통해 다양한 자료를 학습할 수 있습니다.

◊ QR코드를 통해 개념 이해를 돕는 **개념 강의**가 제공됩니다.

◊ **기본 개념 문제**로 개념을 파악합니다.

◊ **교과서 공통 핵심 문제**로 여러 출판사의 공통 개념을 익힐 수 있습니다.

◊ **교과서별 문제**를 풀면서 다양한 교과서의 개념을 학습할 수 있습니다.

3 마무리 학습

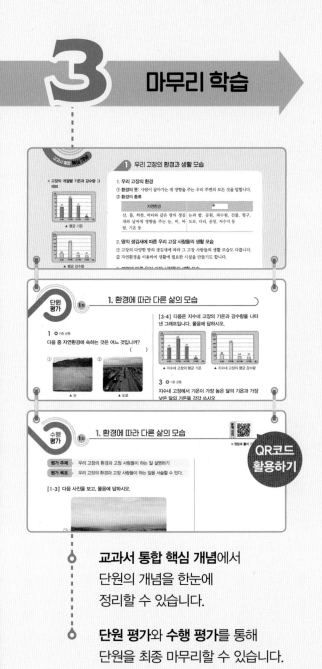

교과서 통합 핵심 개념에서
단원의 개념을 한눈에
정리할 수 있습니다.

단원 평가와 **수행 평가**를 통해
단원을 최종 마무리할 수 있습니다.

BOOK ❷ 평가북
학교 시험에 딱 맞춘 평가대비

묻고 답하기 / 중단원 평가

묻고 답하기를 통해 핵심 개념을 다시 익히고, 중단원
평가를 통해 자신의 실력을 확인할 수 있습니다.

대단원 평가 / 수행 평가

대단원 평가와 수행 평가를 통해 학교 시험에 대비할
수 있습니다.

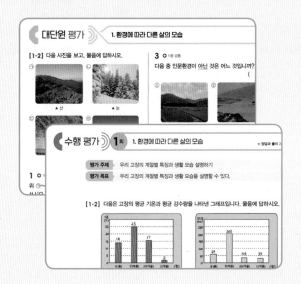

차례

1 환경에 따라 다른 삶의 모습

1 우리 고장의 환경과 생활 모습

2 환경에 따른 의식주 생활 모습

▶ 단원별 학습 내용과 교과서별 해당 쪽수를 확인해 보세요.

단원	학습 내용	백점 쪽수	교과서별 쪽수				
			동아출판	미래엔	비상교과서	아이스크림 미디어	천재교육
1 우리 고장의 환경과 생활 모습 (1)	• 고장의 환경 알아보기 • 고장 사람들의 생활 모습 알아보기	6~11	11~23	12~24	13~23	9~24	12~23
1 우리 고장의 환경과 생활 모습 (2)	• 고장 사람들이 하는 일 알아보기 • 고장 사람들의 여가 생활 알아보기	12~17	24~31	26~31	24~32	25~31	24~32
2 환경에 따른 의식주 생활 모습 (1)	• 의식주의 뜻 알아보기 • 여러 고장 사람들의 의생활 모습 알아보기	18~23	35~42	36~40	35~40	33~37	36~41
2 환경에 따른 의식주 생활 모습 (2)	• 여러 고장 사람들의 식생활 모습 알아보기 • 여러 고장 사람들의 주생활 모습 알아보기	24~29	44~51	41~49	41~50	38~51	42~49

1 우리 고장의 환경과 생활 모습 (1)

1 우리 고장의 환경

① **환경의 뜻**: 사람이 살아가는 데 영향을 주는 우리 주변의 모든 것을 말합니다.

② **환경의 종류** 자료1

자연환경	인문환경
• 사람이 만들지 않은 자연 그대로의 환경 • 산, 들, 하천, 바다와 같은 땅의 생김새와 날씨에 영향을 주는 눈, 비, 바람, 기온 등	• 자연환경을 이용해 사람들이 만든 환경 • 논과 밭, 공원, 과수원, 건물, 항구, 도로, 다리, 공장, 저수지 등

└→ 과실 나무를 많이 심어 가꾸는 밭이에요.

➕ **우리 고장의 환경을 조사하는 방법**
• 인터넷에서 디지털 영상 지도 찾아보기
• 고장 안내도나 안내 책자 살펴보기
• 직접 찾아가서 살펴보기

2 땅의 생김새에 따른 우리 고장 사람들의 생활 모습

① 고장의 산과 들, 하천과 바다 등 다양한 땅의 생김새에 따라 그 고장 사람들의 생활 모습도 다릅니다. ➕

② **자연환경을 이용하는 모습** 자료2 → 자연환경을 이용하여 생활에 필요한 시설을 만들기도 해요.

산	• 산림욕장이나 공원, 등산로를 만듦. • 나물이나 약초를 얻음.
들	• 논과 밭을 만들어 농사를 지음. • 도로와 아파트, 건물 등을 만듦. ➕
하천	• 댐을 만들어 하천의 물을 생활용수와 공업용수로 이용함. • 하천 주변에 공원을 만들어 운동이나 산책을 하는 곳으로 이용함.
바다	• 물고기를 잡거나 물놀이를 함. • 배가 드나들 수 있는 항구를 지음.

➕ **들을 이용하는 모습**

들을 평평하게 고르고 도로를 만듭니다.

3 계절에 따른 우리 고장 사람들의 생활 모습

① **우리나라 계절의 특징**
• 봄, 여름, 가을, 겨울의 사계절이 있고, 계절에 따라 날씨가 다릅니다.
• 여름에는 기온이 높고 비가 많이 오며, 겨울에는 기온이 낮아 춥고 눈이 내리기도 합니다.

② **고장의 계절별 기온과 강수량** 자료3
• 계절에 따라 고장의 기온과 강수량이 달라집니다.
• 고장의 계절별 기온과 강수량 그래프를 통해 계절별 특징을 알 수 있습니다.

③ **계절에 따라 달라지는 고장 사람들의 생활 모습**

봄	주변의 산이나 공원으로 꽃구경을 감.
여름	얇은 옷을 입고, 더위를 피해 해수욕을 즐김. → 에어컨과 선풍기를 사용해요.
가을	단풍 구경을 가고, 논과 밭에서 곡식이나 열매를 수확함.
겨울	두꺼운 옷을 입고, 눈썰매장에서 썰매를 탐. → 난로나 온풍기를 사용해요.

용어 사전

● **하천** 강과 시내를 아울러 이르는 말.
● **기온** 공기의 온도.
● **댐** 발전이나 수리 같은 목적으로 강물을 막아 쌓은 큰 둑.
● **생활용수** 목욕, 청소, 세탁 등 일상생활에 사용되는 물.
● **공업용수** 공장에서 제품을 생산할 때 사용되는 물.
● **강수량** 일정한 곳에 일정 기간 동안 내린 눈, 비, 우박 등의 물의 양.
● **그래프** 조사한 자료를 한눈에 알아볼 수 있도록 선, 막대, 그림 등으로 나타낸 것.

❖ 교과서 통합 대표 자료

자료 1 자연환경과 인문환경

자연환경

바다 / 비 / 산 / 눈

인문환경

과수원 / 건물 / 논 / 공장

자료 2 고장 사람들이 땅의 생김새를 이용하는 모습

산을 이용하는 모습

공원을 만들어 운동이나 산책을 함.

들을 이용하는 모습

들에 논과 밭을 만들어 농사를 짓고 곡식을 수확함.

하천을 이용하는 모습

댐을 만들어 하천에 흐르는 물을 생활에 이용함.

바다를 이용하는 모습

바다에 그물을 쳐서 물고기를 잡음.

자료 3 고장의 계절별 기온과 강수량 그래프

고장의 계절별 기온

기온(℃)
25, 14(4봄), 25(7여름), 17(10가을), 2(1겨울) (월)

고장의 계절별 강수량

강수량(mm)
69(4봄), 203(7여름), 44(10가을), 37(1겨울) (월)

- 7월(여름)에 기온이 가장 높음.
- 1월(겨울)에 기온이 가장 낮음.

- 7월(여름)에 강수량이 가장 많음.
- 1월(겨울)에 강수량이 가장 적음.

보충 자료

● 여러 가지 자연환경

▲ 하천

▲ 우박

● 여러 가지 인문환경

▲ 공원

▲ 항구

그래프를 읽는 방법

1. 그래프의 제목을 확인합니다.
2. 그래프의 가로와 세로가 무엇을 나타내는지 확인합니다.
3. 그래프에서 눈금 한 칸의 크기가 얼마인지 확인합니다.
4. 각각의 막대가 나타내는 양이 얼마인지 확인합니다.

1 단원

1 우리 고장의 환경과 생활 모습 (1)

기본 개념 문제

1

산, 들, 하천, 바다와 같은 땅의 생김새와 날씨에 영향을 주는 눈, 비, 바람, 기온 등을 (   )(이)라고 합니다.

2

자연환경을 이용해 사람들이 만든 논과 밭, 공원, 과수원, 건물, 항구, 도로, 다리, 공장, 저수지 등을 (   )(이)라고 합니다.

3

고장의 다양한 땅의 생김새에 따라 그 고장 사람들의 생활 모습도 다릅니다.

(○ , ×)

4

(   )이/가 많은 고장의 사람들은 산림욕장이나 공원, 등산로를 만들어 이용합니다.

5

(   )에는 기온이 높고 비가 많이 오며, (   )에는 기온이 낮아 춥고 눈이 내리는 것이 우리나라 계절의 특징입니다.

6 ➕ 11종 공통

다음에서 설명하는 것은 무엇인지 쓰시오.

> 사람이 살아가는 데 영향을 주는 우리 주변의 모든 것을 말합니다.

(   )

7 ➕ 11종 공통

다음 사진에서 볼 수 있는 고장의 자연환경을 두 가지 찾아 쓰시오.

(   )

8 ➕ 11종 공통

다음 중 자연환경에 속하는 것은 어느 것입니까?

(   )

▲ 논

▲ 공원

▲ 공장

▲ 바다

9 ➕ 11종 공통

다음에서 설명하는 것은 무엇인지 쓰시오.

> • 자연환경에 속합니다.
> • 날씨에 영향을 줍니다.
> • 공기의 온도를 말합니다.

(   )

10 ➕ 11종 공통

다음 (   ) 안에 들어갈 알맞은 인문환경은 무엇입니까? (   )

(   )이/가 생겨서 어디든 가기 편리해졌어요.

① 공장   ② 공항   ③ 도로
④ 염전   ⑤ 항구

11 ➕ 11종 공통

인문환경에 속하는 것을 보기 에서 모두 골라 기호를 쓰시오.

> **보기**
> ㉠ 논   ㉡ 산
> ㉢ 공원   ㉣ 하천

(   )

12 비상교육, 아이스크림 외

다음과 같은 모습을 볼 수 있는 고장의 자연환경은 무엇입니까? (   )

> • 물고기 잡기   • 미역 양식하기

① 들   ② 산   ③ 바다
④ 하천   ⑤ 호수

13 ➕ 11종 공통

과수원에 대한 설명으로 옳지 <u>않은</u> 것은 어느 것입니까? (   )

① 인문환경에 속한다.
② 자연적으로 생긴 곳이다.
③ 과실 나무를 심은 밭이다.
④ 산이나 들에서 볼 수 있다.
⑤ 맛있는 열매를 얻을 수 있다.

14 ➕ 11종 공통

고장 사람들이 오른쪽과 같은 자연환경을 이용하는 모습으로 알맞은 것은 어느 것입니까? (   )

① 물고기를 잡는다.
② 해수욕장을 만든다.
③ 굴이나 김을 기른다.
④ 산비탈에 밭을 만든다.
⑤ 염전을 만들어 소금을 얻는다.

15 서술형 ➕ 11종 공통

다음 사진을 보고, 고장 사람들이 들을 이용하는 모습을 쓰시오.

_____

_____

16 ➕ 11종 공통

다음 ( ) 안에 들어갈 알맞은 말을 쓰시오.

고장 사람들은 ( ) 을/를 만들어 하천의 물을 생활용수와 공업용수로 이용합니다.

(   )

17 ➕ 11종 공통

오른쪽 사진과 같은 자연환경을 이용하는 모습으로 알맞은 것은 어느 것입니까?

▲ 하천

(   )

① 목장을 만들어 소를 키운다.
② 밭을 만들어 채소를 재배한다.
③ 염전을 만들어 소금을 얻는다.
④ 아파트를 지어 사람들이 생활한다.
⑤ 주변에 공원을 만들어 산책을 한다.

18 비상교육, 아이스크림 외

바다가 있는 고장에 사는 사람들이 자연환경을 이용하는 모습으로 알맞지 <u>않은</u> 것은 어느 것입니까?

(   )

①
물고기 잡기

②
미역 기르기

③
버섯 기르기

④
해산물 잡기

19 동아출판, 천재교과서 외

우리나라의 여름과 겨울의 특징을 선으로 알맞게 연결하시오.

(1) 여름 •

(2) 겨울 •

• ㉠ 기온이 낮아 춥고 눈이 내리기도 함.

• ㉡ 기온이 높고 비가 많이 옴.

20 서술형 ➕ 11종 공통

다음 그래프를 보고 지우네 고장의 계절별 기온의 특징을 쓰시오.

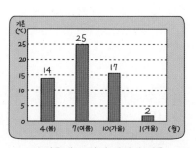

▲ 지우네 고장의 계절별 기온

_____

_____

21 ✚ 11종 공통

다음 그래프를 보고 계절별 강수량에 대해 알맞게 설명한 것은 어느 것입니까? (   )

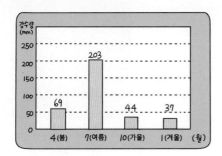

① 봄에 강수량이 가장 적다.
② 여름에 강수량이 가장 많다.
③ 계절에 따른 강수량의 변화가 없다.
④ 가을에는 비가 전혀 내리지 않는다.
⑤ 여름보다 겨울에 강수량이 많은 편이다.

22 아이스크림, 천재교육 외

다음은 위 **21**번의 그래프를 읽는 방법입니다. 순서에 알맞게 기호를 쓰시오.

┌─────────────────────────────────────┐
│ ㉠ 그래프의 제목을 확인합니다.   │
│ ㉡ 각각의 막대가 나타내는 양이 얼마인지 확인합 │
│   니다.   │
│ ㉢ 그래프에서 눈금 한 칸의 크기가 얼마인지 확인 │
│   합니다.   │
│ ㉣ 그래프의 가로와 세로가 무엇을 나타내는지 확 │
│   인합니다.   │
└─────────────────────────────────────┘

(   ) → (   ) → (   ) → (   )

23 서술형 ✚ 11종 공통

여름에 볼 수 있는 고장 사람들의 생활 모습을 한 가지만 쓰시오.

_____

_____

24 ✚ 11종 공통

가을에 볼 수 있는 고장 사람들의 생활 모습으로 알맞은 것은 어느 것입니까? (   )

① 곡식을 수확한다.
② 벚꽃 구경을 간다.
③ 에어컨을 사용한다.
④ 두꺼운 옷을 입는다.
⑤ 눈썰매장에서 썰매를 탄다.

25 ✚ 11종 공통

다음과 같은 모습을 볼 수 있는 계절은 언제인지 쓰시오.

┌─────────────────────────────────────┐
│ • 두꺼운 옷을 입습니다.   │
│ • 눈썰매장에서 썰매를 탑니다.   │
│ • 난로나 온풍기를 사용합니다.   │
└─────────────────────────────────────┘

(   )

1 우리 고장 사람들이 하는 일 → 고장마다 자연환경과 인문환경이 달라서, 고장마다 사람들이 하는 일도 달라요.

① 산이 많은 고장 자료1

자연환경	산, 숲 등이 있음.
인문환경	썰매장, 스키장, 밭, 목장 등이 있음.
고장 사람들이 하는 일	• 산비탈에 밭을 만들어 농사를 지음. • 목장에서 소나 양을 길러 고기와 우유를 얻음. • 산비탈에서 스키장이나 썰매장을 운영함. • 산에서 나무를 얻고, 버섯을 기르고 약초를 캠.

② 들이 펼쳐진 고장 자료2 → 들이 펼쳐진 곳에는 많은 사람이 모여 살며 도시가 발달하기도 해요.

논과 밭이 있는 고장의 사람들이 하는 일	• 논과 밭을 만들어 농사를 지음. • 농기계를 팔거나 고치고, 농업 기술을 연구하고 알려 줌. • 밭이나 비닐하우스에서 채소와 과일을 재배함.
도시가 발달한 고장의 사람들이 하는 일	• 공장에서 물건을 만들거나 회사에서 일함. • 백화점이나 마트에서 음식이나 물건을 판매함. • 버스나 택시 등을 운전함.

③ 바다가 있는 고장 자료3

자연환경	바다, 모래사장, 갯벌 등이 있음.
인문환경	식당, 숙박 시설, 항구, 양식장 등이 있음. +
고장 사람들이 하는 일	• 바다에서 물고기를 잡거나 김, 미역 등을 기름. • 해녀들이 바닷속에 들어가서 해산물을 잡음. • 바닷물을 이용하여 소금을 얻음. + • 배나 고기잡이 도구를 팔거나 고쳐 줌.

2 우리 고장 사람들의 여가 생활 모습

① **여가 생활의 뜻**: 스스로 즐거움을 얻고자 남는 시간에 하는 자유로운 활동을 말합니다.

② **자연환경과 인문환경을 이용한 여가 생활**
→ 이 밖에도 수영장에서 수영하기, 도서관에서 독서하기 등이 있어요.

자연환경을 이용한 여가 생활
캠핑 / 래프팅 / 물놀이 / 패러글라이딩
→ 이 밖에도 등산, 낚시 등이 있어요.

인문환경을 이용한 여가 생활
박물관 견학 / 공원 산책 / 영화 관람 / 놀이 기구 이용

＋ 양식장

바다에 그물을 쳐서 굴, 김, 미역, 다시마 등을 기르는 곳입니다.

＋ 염전

소금을 얻기 위하여 바닷물을 가두어 두고 햇볕에 증발시켜 평평한 밭처럼 만들어 놓은 곳입니다.

용어 사전

● **산비탈** 산에 가파르게 기울어져 있는 곳.
● **연구** 어떤 일이나 사물에 대하여 깊게 조사하는 일.
● **여가** 일을 하는 가운데 잠시 생기는 자유로운 시간.
● **견학** 직접 보고 배우는 일.

◆ 교과서 통합 대표 자료

자료 1 고장 사람들이 산을 이용하는 모습

산 위의 강한 바람을 이용하여 전기를 만들어 사용합니다.

눈이 많이 내리는 곳에서는 산비탈을 이용해 눈썰매장과 스키장을 만듭니다.

소나 양을 기르는 목장에는 다른 고장 사람들이 목장 체험을 하러 옵니다.

산비탈에 논과 밭을 만들어 곡식이나 채소를 재배합니다.

자료 2 고장 사람들이 들을 이용하는 모습

논과 밭이 있는 고장 | 도시가 발달한 고장

공장에서 물건을 만들거나 회사에서 일합니다.

논과 밭을 만들어 농사를 짓습니다.

밭이나 비닐하우스에서 채소와 과일을 재배합니다.

도시에는 많은 사람이 살고 높은 건물들이 있습니다.

자료 3 고장 사람들이 바다를 이용하는 모습

바다에 그물을 쳐서 물고기를 잡습니다.

해수욕장에 놀러 온 사람들을 위해 식당이나 숙박 시설을 운영합니다.

바다에서 전복, 해삼, 멍게 등과 같은 해산물을 직접 잡습니다.

바다에서 잡은 해산물을 판매합니다.

보충 자료

● **산이 많은 고장의 인문환경**

▲ 목장

▲ 풍력 발전기

▲ 계단식 논

● **고장 사람들이 바다를 이용하는 모습**

해녀들이 바다에서 해산물을 직접 잡습니다.

1 우리 고장의 환경과 생활 모습 (2)

기본 개념 문제

1

산이 많은 고장의 사람들은 산비탈에 밭을 만들어 농사를 짓거나, (　　　　　)에서 소를 키우기도 합니다.

2

들이 펼쳐진 곳에는 많은 사람이 모여 살며 도시가 발달하기도 합니다.

(○ , ×)

3

(산이 많은 , 바다가 있는) 고장에 사는 사람들은 양식장에서 굴, 김, 미역, 다시마 등을 기릅니다.

4

(　　　　　)은/는 스스로 즐거움을 얻고자 남는 시간에 하는 자유로운 활동을 말합니다.

5

패러글라이딩은 인문환경을 이용한 여가 생활입니다.

(○ , ×)

[6-8] 다음 그림을 보고, 물음에 답하시오.

6 ⊕ 11종 공통

위 그림에 나타난 고장에서 주로 볼 수 있는 자연환경을 한 가지 쓰시오.

(　　　　　　　　　　)

7 ⊕ 11종 공통

위 그림에 나타난 고장에서 볼 수 있는 인문환경은 어느 것입니까? (　　　　)

① 댐　　　　　　　② 목장
③ 항구　　　　　　④ 양식장
⑤ 비닐하우스

8 비상교과서, 천재교육 외

위 그림에 나타난 고장 사람들이 주로 하는 일로 알맞은 것은 어느 것입니까? (　　　　)

① 공장에서 물건을 만든다.
② 물고기를 잡는 일을 한다.
③ 스키장이나 썰매장을 운영한다.
④ 바닷물을 이용하여 소금을 얻는다.
⑤ 농업 기술을 연구하고 알려 주는 일을 한다.

● 정답과 풀이 2쪽

9 ⊕ 11종 공통

다음 (   ) 안에 공통으로 들어갈 인문환경은 어느 것입니까? (   )

> 산이 많은 고장에서는 비탈진 땅을 활용하기 위해 산비탈에 (   )을/를 만들어 농사를 짓기도 합니다.

▲ (   )

① 항구 　　② 공장 　　③ 백화점
④ 양식장 　　⑤ 계단식 논

10 ⊕ 11종 공통

산이 많은 고장에 사는 사람들의 생활 모습으로 알맞지 않은 것은 어느 것입니까? (   )

① 약초를 캔다.
② 버섯을 기른다.
③ 양식장에서 김을 기른다.
④ 목장에서 소나 양을 기른다.
⑤ 강한 바람을 이용하여 전기를 만들어 사용한다.

11 동아출판, 천재교육 외

논과 밭이 있는 고장의 자연환경에 대한 설명으로 옳은 것은 어느 것입니까? (   )

① 바다가 있다.
② 산비탈이 있다.
③ 모래사장이 있다.
④ 울창한 숲이 있다.
⑤ 들이 넓게 펼쳐져 있다.

12 ⊕ 11종 공통

다음과 같은 일을 주로 하는 고장에서 볼 수 있는 모습은 어느 것입니까? (   )

> • 곡식과 채소를 재배하는 일
> • 농기계를 팔거나 수리하는 일
> • 농업 기술을 연구하고 알려 주는 일

①  ②

③  ④

13 서술형 ⊕ 11종 공통

도시가 발달한 고장 사람들의 생활 모습을 한 가지만 쓰시오.

_____

_____

14 ⊕ 11종 공통

도시가 발달한 고장 사람들의 생활 모습으로 알맞은 것을 골라 ○표 하시오.

(1)

▲ 목장 체험하기 　　　▲ 공장에서 일하기

(   ) 　　　　　(   )

15 ➕ 11종 공통

도시가 발달한 고장의 사람들이 주로 하는 일이 아닌 것은 어느 것입니까? (   )

① 회사 다니기
② 농업 기술 연구하기
③ 음식을 만들어 팔기
④ 공장에서 물건 만들기
⑤ 백화점에서 물건 팔기

16 ➕ 11종 공통

다음 중 바다가 있는 고장에서 보기 어려운 것은 어느 것입니까? (   )

① 염전   ② 스키장
③ 양식장   ④ 숙박 시설
⑤ 물고기 직판장

17 미래엔, 비상교과서 외

바다가 있는 고장에 사는 사람들이 인문환경을 이용해서 하는 일을 보기 에서 모두 골라 기호를 쓰시오.

보기 ●
ㄱ 양식장에서 김을 기른다.
ㄴ 바다에 나가 물고기를 잡는다.
ㄷ 식당에서 관광객에게 음식을 판매한다.
ㄹ 물고기를 잡는 기구를 팔거나 수리한다.
ㅁ 해녀들이 바다에 나가서 전복, 멍게를 잡는다.

(   )

18 비상교육, 천재교육 외

바다가 있는 고장에 사는 사람들이 환경을 이용하여 일하는 모습으로 알맞지 않은 것은 어느 것입니까?

(   )

①
▲ 소금 얻기

②
▲ 물고기 잡기

③
▲ 해산물 잡기

④
▲ 곡식 재배하기

19 ➕ 11종 공통

다음 글을 통해 알 수 있는 지수가 사는 고장은 어디입니까? (   )

지수의 아버지는 배를 타고 나가 물고기를 잡는 일을 하십니다. 지수의 어머니는 아버지가 잡아 오신 물고기를 손질해서 파는 직판장을 운영하십니다. 또한 지수의 옆집에 사시는 해녀 아주머니가 잡아 오신 전복과 멍게도 직판장에서 판매합니다.

① 산이 많은 고장
② 바다가 있는 고장
③ 사막이 있는 고장
④ 도시가 발달한 고장
⑤ 논과 밭이 있는 고장

20 서술형　⊕ 11종 공통

고장마다 사람들이 하는 일이 다른 까닭은 무엇인지 쓰시오.

_____

_____

21　⊕ 11종 공통

고장 사람들이 하는 일의 특징으로 알맞지 <u>않은</u> 것은 어느 것입니까? (　　　)

① 고장의 인문환경을 이용한 일을 한다.
② 고장의 자연환경을 이용한 일을 한다.
③ 고장마다 사람들이 하는 일은 다양하다.
④ 환경에 따라 고장 사람들이 주로 하는 일이 다르다.
⑤ 고장 사람들의 생활 모습은 그 고장의 환경과 관련이 없다.

22 미래엔, 비상교육 외

다음에서 설명하는 것은 무엇인지 쓰시오.

- 스스로 즐거움을 얻고자 남는 시간에 하는 자유로운 활동입니다.
- 고장의 자연환경이나 인문환경을 이용하여 활동하기도 합니다.

(　　　　　　　　　)

23 미래엔, 천재교육 외

여가 생활을 하는 모습이 <u>아닌</u> 것은 어느 것입니까?
(　　　)

① 캠핑하기　　　　② 공원 산책하기
③ 박물관 견학하기　④ 회사에서 일하기
⑤ 하천에서 래프팅하기

24　⊕ 11종 공통

환경과 환경을 이용한 여가 생활 모습을 선으로 알맞게 연결하시오.

(1) 자연 환경　・

(2) 인문 환경　・

・㉠ 패러글라이딩

・㉡ 공원 산책하기

・㉢ 영화 관람하기

・㉣ 하천에서 낚시하기

25 서술형　⊕ 11종 공통

인문환경을 이용한 여가 생활의 모습을 두 가지 쓰시오.

_____

_____

2 환경에 따른 의식주 생활 모습 (1)

개념 강의

1 의식주

① **의식주의 뜻**: 사람이 살아가기 위해 꼭 필요한 옷, 음식, 집을 말합니다.

② **의식주가 필요한 이유** 자료1

의(옷)	다양한 환경으로부터 몸을 보호하고, 체온을 유지하기 위해 옷이 필요함. → 모자, 장갑, 신발 등도 몸을 보호하는 옷의 종류예요.
식(음식)	활동에 필요한 영양소와 힘을 얻기 위해 음식이 필요함.
주(집)	더위나 추위를 피하고, 안전하고 편안하게 쉬기 위해 집이 필요함.

2 고장 사람들의 의생활 모습

① 계절과 날씨에 따라 다른 사람들의 옷차림 자료2 → 같은 계절이라도 고장마다 날씨가 달라 옷차림이 서로 다를 수 있어요.

봄	얇은 옷을 입거나 가벼운 외투를 걸침.
여름	더위를 피하려고 바람이 잘 통하는 재료로 만든 얇은 반팔 옷과 반바지를 입고, 햇볕을 막는 모자를 쓰기도 함.
가을	날씨가 쌀쌀해지면서 긴소매 옷을 입고 가벼운 외투를 입음.
겨울	추위를 피하려고 두꺼운 옷을 입고, 장갑을 끼거나 목도리를 두름.

② 고장의 환경에 따라 사람들이 하는 일도 달라서 하는 일에 따라 특별한 의생활 모습이 나타나기도 합니다. ➕

3 세계 여러 고장의 자연환경과 의생활 모습

구분	사막에 있는 고장	덥고 비가 많이 내리는 고장
모습	사우디아라비아	베트남
의생활	뜨거운 햇볕과 모래바람을 막기 위해 주로 긴 옷을 입고 머리에 천을 둘러 감음.	바람이 잘 통하는 긴 옷을 입고 챙이 넓은 모자를 씀.
구분	춥고 눈이 많이 오는 고장	낮과 밤의 기온 차가 큰 고장
모습	캐나다	페루
의생활	동물의 털과 가죽으로 만든 두꺼운 옷을 입고 발목까지 감싸는 부츠를 신음.	낮의 뜨거운 햇볕을 막고 밤의 추위를 견디려고 망토와 같은 긴 옷을 걸치고 모자를 씀.

➕ 사람들이 하는 일에 따라 나타나는 특별한 의생활 모습

해녀들은 차가운 물이 몸에 직접 닿지 않도록 잠수복을 입습니다.

벌을 키우는 일을 하는 사람들은 벌에 쏘이지 않으려고 방충 모자를 쓰고 긴소매 옷을 입습니다.

철을 녹이는 일을 하는 사람들은 뜨거운 열로부터 몸을 보호하기 위해 방열복을 입습니다.

용어 사전

● **체온** 몸의 온도.
● **영양소** (단백질·탄수화물·지방·비타민 등) 생물에게 영양이 되는 물질.
● **사막** 비가 적게 내려서 식물이 자라기 힘든 지역.
● **망토** 소매가 없이 어깨 위로 걸쳐 둘러 입도록 만든 외투.
● **방충** 해로운 벌레가 침범하여 해를 끼치지 못하도록 막음.

자료 1 의식주의 여러 가지 예

의(옷)	
식(음식)	
주(집)	아파트 / 단독주택 / 기와집 / 통나무집 / 수상 가옥

자료 2 계절에 따라 달라지는 옷차림

봄 / 여름 / 가을 / 겨울

▶ 우리나라는 사계절이 뚜렷하여 계절에 따라 사람들의 옷차림이 달라집니다.

보충 자료

○ **옛날 사람들의 의생활 모습**

겨울에 눈이 많이 내리는 고장에서는 눈에 빠지지 않도록 나뭇가지와 끈을 엮어 만든 설피를 신발 바닥에 덧대어 신었습니다.

여름에 날씨가 덥고 습한 고장에서는 바람이 잘 통하고 빨리 마르는 갈옷을 입고 생활했습니다.

농사일을 하는 사람들이 비에 젖지 않도록 풀이나 볏짚으로 비옷을 만들어 걸쳐 둘렀습니다.

2 환경에 따른 의식주 생활 모습 (1)

기본 개념 문제

1
(　　　　　　)은/는 사람이 살아가기 위해 꼭 필요한 옷, 음식, 집을 말합니다.

2
아파트, 단독 주택, 한옥 등은 주생활에 해당합니다.
(○ , ×)

3
고장의 (　　　　　)에 따라 사람들이 하는 일도 달라서 하는 일에 따라 특별한 의생활 모습이 나타나기도 합니다.

4
(　　　　　)에 있는 고장에서는 뜨거운 햇볕과 모래바람을 막기 위해 주로 긴 옷을 입고 머리에 천을 둘러 감습니다.

5
낮과 밤의 기온 차가 큰 고장에서는 동물의 털과 가죽으로 만든 두꺼운 옷을 입습니다.
(○ , ×)

6 ➕ 11종 공통
다음에서 설명하는 것을 통틀어 무엇이라고 하는지 쓰시오.

- 몸을 보호하고 체온을 유지하기 위한 옷
- 활동에 필요한 영양소와 힘을 얻기 위한 음식
- 더위나 추위를 피하고, 안전하고 편안하게 쉬기 위해 필요한 집

(　　　　　　　　　　　)

7 ➕ 11종 공통
다음 중 의생활과 관련된 것을 골라 ○표 하시오.

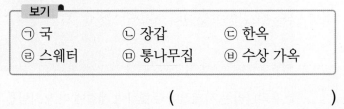

(1)　　　　　　　　　　(2)

(　　　　　)　　　　(　　　　　)

8 ➕ 11종 공통
식생활과 관련된 것이 <u>아닌</u> 것은 어느 것입니까?
(　　　)
① 밥　　　　② 빵　　　　③ 모자
④ 우유　　　⑤ 돈가스

9 ➕ 11종 공통
다음 보기 에서 주생활과 관련된 것을 모두 골라 기호를 쓰시오.

보기 ●
㉠ 국　　　　㉡ 장갑　　　　㉢ 한옥
㉣ 스웨터　　㉤ 통나무집　　㉥ 수상 가옥

(　　　　　　　　　　　)

[10-11] 다음 사진을 보고, 물음에 답하시오.

㉠  ㉡

㉢  ㉣

㉤  ㉥

10 ➕ 11종 공통

위 ㉠~㉥을 다음 기준에 맞게 구분하여 기호를 쓰시오.

(1) 의: (   )

(2) 식: (   )

(3) 주: (   )

11 서술형 ➕ 11종 공통

위와 같은 의식주가 중요한 까닭은 무엇인지 쓰시오.

_____

_____

12 ➕ 11종 공통

다음 사진과 같이 의생활 모습이 달라지는 까닭은 무엇입니까? (   )

① 하는 일이 다르기 때문에

② 계절별 날씨가 다르기 때문에

③ 다니는 학교가 다르기 때문에

④ 좋아하는 옷이 다르기 때문에

⑤ 고장의 주요 장소가 다르기 때문에

13 ➕ 11종 공통

오른쪽과 같은 의생활 모습을 볼 수 있는 계절은 언제인지 쓰시오.

(   )

14 ➕ 11종 공통

다음 (   ) 안에 들어갈 알맞은 말을 쓰시오.

> 우리 고장 사람들은 겨울에 (   )을/를 피하려고 두꺼운 옷을 입고, 장갑을 끼거나 목도리를 두릅니다.

(   )

15 ➕ 11종 공통

다음 보기 의 옷차림을 더위를 피하기 위한 것과 추위를 막기 위한 것으로 구분하여 기호를 쓰시오.

> **보기**
> ㉠ 털장갑과 털목도리
> ㉡ 반소매 옷과 반바지
> ㉢ 솜을 넣어 만든 바지
> ㉣ 털로 만든 두꺼운 외투
> ㉤ 바람이 잘 통하는 재료로 만든 티셔츠

(1) 더위를 피하기 위한 것: (   )

(2) 추위를 막기 위한 것: (   )

16 ➕ 11종 공통

다음 사진과 같이 특별한 의생활 모습이 나타나는 까닭은 무엇입니까? (   )

① 고장별로 계절이 다르기 때문에
② 고장별로 날씨가 다르기 때문에
③ 고장별로 문화가 다르기 때문에
④ 고장별로 인구수가 다르기 때문에
⑤ 고장의 환경에 따라 사람들이 하는 일이 다르기 때문에

17 아이스크림 외

다음 (   ) 안에 들어갈 알맞은 말을 쓰시오.

> 겨울에 눈이 많이 내리는 고장에 살던 옛날 사람들은 눈에 빠지지 않도록 나뭇가지와 끈을 엮어 만든 (   )을/를 신발 바닥에 덧대어 신었습니다.

(   )

18 아이스크림 외

다음 ㉠, ㉡에 들어갈 알맞은 말을 쓰시오.

> • 벌을 키우는 일을 하는 사람들은 벌에 쏘이지 않으려고 (㉠   )을/를 쓰고 긴소매 옷을 입습니다.
> • 철을 녹이는 일을 하는 사람들은 뜨거운 열로부터 몸을 보호하기 위해 (㉡   )을/를 입습니다.

㉠ (   )
㉡ (   )

19 서술형 미래엔, 비상교육 외

사막에 있는 고장 사람들이 다음 사진과 같은 옷차림을 하는 까닭을 환경과 관련지어 쓰시오.

_____

_____

20 비상교과서, 천재교육 외

다음 밑줄 친 '나'의 옷차림으로 알맞은 것을 골라 ○ 표 하시오.

> "나는 베트남에 있는 하노이라는 고장에 살고 있어요. 내가 사는 하노이는 덥고 비가 많이 내리기 때문에 바람이 잘 통하는 긴 옷을 입고 챙이 넓은 모자를 쓴답니다."

(1) (   )   (2) (   )

[21-22] 다음 사진을 보고, 물음에 답하시오.

ㄱ  ㄴ

ㄷ  ㄹ

21 ➕ 11종 공통

위 ㄱ~ㄹ 중 다음과 같은 자연환경에서 사는 고장 사람들의 의생활 모습을 골라 기호를 쓰시오.

▲ 춥고 눈이 많이 오는 고장

( )

22 비상교육, 천재교과서 외

위 ㄱ~ㄹ 중 날씨가 덥고 건조한 고장에 사는 사람들의 의생활 모습을 골라 기호를 쓰시오.

( )

23 비상교과서, 천재교육 외

오른쪽과 같은 옷차림을 볼 수 있는 고장의 자연환경으로 알맞은 것은 어느 것입니까? ( )

① 덥고 습하다.
② 비가 많이 내린다.
③ 춥고 눈이 많이 온다.
④ 일 년 내내 햇볕이 뜨겁다.
⑤ 주변에 넓은 사막이 펼쳐져 있다.

24 서술형 미래엔, 비상교육 외

오른쪽 사진의 고장은 높은 산에 있어 낮과 밤의 기온 차가 큽니다. 이 고장 사람들의 의생활 모습을 쓰시오.

_____

_____

25 ➕ 11종 공통

세계 여러 고장 사람들의 의생활 모습이 다양하게 나타나는 까닭은 무엇입니까? ( )

① 각 고장의 이름이 달라서
② 각 고장의 인구가 달라서
③ 각 고장의 환경이 달라서
④ 각 고장 사람들의 성격이 달라서
⑤ 각 고장에 있는 옷 공장의 크기가 달라서

2 환경에 따른 의식주 생활 모습 (2)

1 고장 사람들의 식생활 모습

① 고장의 자연환경에 따라 다른 식생활

들이 펼쳐진 고장	논과 밭에서 자란 곡식과 채소를 이용해 만든 음식을 주로 먹음.
바다가 있는 고장	해산물을 이용해 만든 음식을 주로 먹음.
산이 많은 고장	산나물, 버섯 등을 이용해 만든 음식을 주로 먹음.

② 고장마다 발달한 여러 가지 음식 자료1

- 고장 사람들의 식생활 모습은 고장의 환경에 영향을 받습니다.
- 음식은 각 고장의 환경에서 쉽게 구할 수 있는 재료를 중심으로 발달해 왔습니다.

2 세계 여러 고장의 자연환경과 식생활 모습

덥고 비가 많이 내리는 고장	• 주변에서 쉽게 구할 수 있는 파인애플, 바나나, 망고와 같은 열대 과일을 이용한 음식이 많음. • 벼농사가 활발하여 쌀을 이용한 음식이 발달함.
추운 고장	• 날씨가 추워도 잘 자라는 호밀과 같은 곡식을 이용한 음식이 많음. • 날씨가 추우면 과일이나 채소를 기르기 어려워, 고기나 생선을 오래 보관할 수 있도록 말린 음식이 많음.
산지가 많은 고장	산지에서 젖소를 많이 키워 우유나 치즈를 이용한 음식이 많음.
바다로 둘러싸인 고장	바다에서 얻은 해산물을 이용한 음식이 많음.

3 고장 사람들의 주생활 모습

① 고장의 자연환경에 따라 다른 주생활 자료2

- 고장의 날씨나 땅의 생김새 등에 따라 집을 짓는 재료가 다양하고 집의 모습이 다릅니다.
- 도시가 발달한 고장에서는 아파트, 다세대 주택 등에 많은 사람이 모여 살고, 논이나 밭이 많은 고장이나 바닷가에 있는 고장에는 주로 낮은 집이 많습니다.
- 세계 여러 고장의 계절과 날씨, 땅의 생김새 등은 고장 사람들의 주생활에 영향을 줍니다.

② 옛날 사람들의 주생활 모습 ➕

제주도 초가집	바람이 자주 부는 제주도에서는 강한 바람에 지붕이 날아가지 않도록 지붕을 줄로 엮어서 집을 지었음.
너와집	옛날에 강원도 산지 사람들이 살던 집으로, 나무를 쉽게 구할 수 있어서 나뭇조각으로 지붕을 얹은 집을 지었음.
우데기집	옛날에 울릉도 사람들이 살던 집으로, 겨울철에 눈이 많이 와도 집 안을 자유롭게 다닐 수 있도록 우데기를 만들었음. ➕
터돋움집	여름철에 홍수로 집이 물에 잠길 위험이 있는 고장에서는 땅 위에 터를 돋우어 높은 곳에 집을 지었음.

➕ 옛날 사람들의 집의 모습

▲ 너와집

▲ 우데기집

▲ 터돋움집

➕ 우데기

집의 바깥쪽에 지붕의 끝에서부터 땅에 닿는 부분까지 둘러친 벽을 말합니다.

용어 사전

- **해산물** 물고기·조개·미역처럼 바다에서 나는 먹을거리.
- **열대** 지구 위에서 적도 부근이고 연 평균 기온이 섭씨 20도 이상인, 매우 더운 지역.
- **다세대 주택** 여러 가구가 들어 사는 공동 주택의 하나.

자료 1 고장의 환경에 영향을 받아 발달한 음식

메밀 막국수(춘천)	감자 옹심이(영월)
춘천은 산이 많고 날씨가 서늘해 메밀이 잘 자람. 	영월은 산지가 많고 날씨가 서늘해 감자를 많이 심음.
호두과자(천안)	대게찜(영덕)
천안은 땅이 기름져 호두나무가 잘 자람. 	영덕 앞바다에서는 대게가 잘 잡힘.
꼬막무침(보성)	파전(부산)
보성은 갯벌에서 나는 꼬막으로 만든 음식이 발달함. 	부산은 바닷바람을 맞으며 자란 쪽파가 유명함.
옥돔구이(제주)	전주비빔밥(전주)
제주도 앞바다에는 따뜻한 바닷물에 사는 옥돔이 많이 잡힘.	넓은 들과 산에서 쌀과 채소를 쉽게 구할 수 있고, 장맛도 좋아 비빔밥이 유명함.

자료 2 세계 여러 고장 사람들의 집의 모습

이글루(그린란드)	이즈바(러시아)

춥고 눈이 많이 내리는 고장에서는 긴 겨울 동안 먹을 음식을 구하러 사냥을 떠나면 잠시 머물기 위해 눈과 얼음으로 집을 지음.	날씨가 추운 러시아에서는 주변 숲에서 쉽게 구할 수 있는 통나무로 집을 지음.
게르(몽골)	동굴 집(터키)

비가 적게 내리는 고장에서는 양에게 먹일 물과 풀을 찾아 자주 옮겨 다녀야 하기 때문에, 이동에 편리한 집이 필요함.	터키의 화산 폭발이 있었던 고장에서는 화산이 폭발하여 만들어진, 단단하지 않은 바위를 파서 그 속에 집을 지음.

○ **세계 여러 고장의 다양한 음식**

▲ 파인애플 볶음밥: 타이에서는 볶음밥에 과일을 넣어 만들기도 합니다.

▲ 쌀국수: 벼농사가 활발한 베트남에서는 쌀로 국수를 만들어 먹습니다.

▲ 치즈 퐁뒤: 스위스에서는 빵, 고기 등을 치즈에 찍어 먹는 음식이 유명합니다.

▲ 초밥: 일본에는 생선으로 만든 음식이 많습니다.

○ **수상 가옥**

덥고 비가 많이 내리는 고장에서는 더위를 피하기 위에 물속에 말뚝을 박아 그 위에 집을 짓습니다.

2 환경에 따른 의식주 생활 모습 (2)

기본 개념 문제

1

들이 펼쳐진 고장에서는 논과 밭에서 자란 곡식과 채소를 이용해 만든 음식을 주로 먹습니다.

(○ , ×)

2

(   )이/가 있는 고장에서는 해산물을 이용해 만든 음식을 주로 먹습니다.

3

추운 고장에는 우유나 치즈를 이용한 음식이 많습니다.

(○ , ×)

4

도시가 발달한 고장에서는 (   ), 다세대 주택 등에 많은 사람이 모여 삽니다.

5

옛날에 강원도 산지 사람들은 나무를 쉽게 구할 수 있었기 때문에 나뭇조각으로 지붕을 얹은 (   )을/를 지었습니다.

6 ➕ 11종 공통

고장마다 발달한 음식이 서로 다른 까닭은 무엇입니까? (   )

① 자연환경이 달라서
② 부엌의 크기가 달라서
③ 사람들의 입맛이 달라서
④ 고장에 살고 있는 사람 수가 달라서
⑤ 음식을 만드는 도구의 종류가 달라서

7 ➕ 11종 공통

고장 사람들의 식생활에 많은 영향을 주는 것을 두 가지 고르시오. (,   )

① 고장의 날씨
② 고장의 면적
③ 고장의 인구수
④ 고장에 있는 문화 시설
⑤ 고장에서 쉽게 구할 수 있는 재료

8 아이스크림, 천재교육 외

다음 제시된 음식들의 주요 재료인 해산물을 얻을 수 있는 자연환경은 무엇입니까? (   )

• 대게찜	• 꼬막무침	• 옥돔구이

① 들   ② 산   ③ 바다
④ 하천   ⑤ 호수

9 서술형 미래엔, 비상교과서 외

다음과 같은 음식이 강원도 영월에서 발달하게 된 까닭을 자연환경과 관련지어 쓰시오.

▲ 감자 옹심이

_____

_____

10 비상교과서, 아이스크림 외

우리나라의 각 고장에서 발달한 음식이 잘못 연결된 것은 어느 것입니까? (   )

① 부산 – 파전   ② 영덕 – 대게찜
③ 보성 – 꼬막무침   ④ 전주 – 옥돔구이
⑤ 천안 – 호두과자

11 동아출판, 천재교육 외

다음과 같은 자연환경이 나타나는 고장에서 발달한 음식으로 알맞은 것은 어느 것입니까? (   )

춘천은 산이 많고 날씨가 서늘해 메밀이 잘 자랍니다.

① 감자떡   ② 막국수
③ 쌀국수   ④ 간고등어
⑤ 전주비빔밥

12 비상교과서, 천재교육 외

다음과 같은 음식이 발달한 고장의 특징으로 알맞은 것은 어느 것입니까? (   )

파인애플, 바나나, 망고와 같은 열대 과일을 이용한 음식이 많습니다.

① 날씨가 덥고 습하다.
② 날씨가 춥고 건조하다.
③ 소, 양 등을 많이 키운다.
④ 땅이 얼음으로 뒤덮여 있다.
⑤ 일 년 내내 비가 거의 오지 않는다.

13 ➕ 11종 공통

다음과 같은 특징이 나타나는 고장에서 발달한 음식은 어느 것입니까? (   )

산지에서 젖소를 많이 키웁니다.

① 쌀을 이용한 음식
② 젓갈을 이용한 음식
③ 조개를 이용한 음식
④ 치즈를 이용한 음식
⑤ 열대 과일을 이용한 음식

14 ➕ 11종 공통

다음 세계 여러 고장의 자연환경과 그곳 사람들의 식생활 모습을 선으로 알맞게 연결하시오.

(1) 추운 고장 • • ㉠ 해산물을 이용한 음식이 많음.

(2) 덥고 습한 고장 • • ㉡ 쌀을 이용한 음식이 발달함.

(3) 바다로 둘러싸인 고장 • • ㉢ 고기나 생선을 말린 음식이 많음.

15 비상교과서, 천재교육 외

바다로 둘러싸인 일본에서 발달한 음식으로 알맞은 것은 어느 것입니까? (   )

① ▲ 쌀국수

② ▲ 초밥

③ ▲ 치즈 퐁뒤

④ ▲ 파인애플 볶음밥

16 ➕ 11종 공통

다음 사진과 같이 도시가 발달한 고장에서 볼 수 있는 집의 형태가 무엇인지 각각 쓰시오.

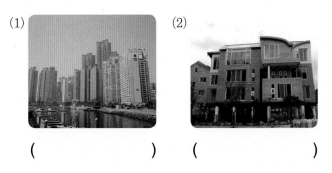

(1)   (2)

(   )   (   )

17 ➕ 11종 공통

세계 여러 고장 사람들의 주생활에 영향을 주는 것을 보기 에서 모두 골라 기호를 쓰시오.

보기 ●
ㄱ 평균 나이   ㄴ 땅의 생김새
ㄷ 계절과 날씨   ㄹ 사람들의 생김새

(   )

18 비상교과서, 비상교육 외

러시아에서 다음 사진과 같은 집을 지었던 까닭은 무엇입니까? (   )

▲ 이즈바

① 바위가 단단하지 않아서
② 사냥을 떠날 때 잠시 머물기 위해서
③ 눈이 집 안으로 들어오는 것을 막기 위해서
④ 주변 숲에서 쉽게 통나무를 구할 수 있어서
⑤ 여름철 홍수로 집이 물에 잠길 위험이 있어서

19 서술형 동아출판, 천재교육 외

다음 사진과 같은 집에서 몽골 사람들이 사는 까닭이 무엇인지 쓰시오.

▲ 게르

_____

_____

20 미래엔, 비상교과서 외

다음과 같이 바위의 속을 파내서 만든, 터키에서 볼 수 있는 집은 무엇입니까? (   )

① 한옥   ② 너와집   ③ 동굴 집
④ 이즈바   ⑤ 수상 가옥

21 미래엔, 아이스크림 외

옛날 사람들이 너와집의 지붕을 만들 때 사용한 재료는 무엇입니까? (   )

① 짚   ② 기와   ③ 얼음
④ 시멘트   ⑤ 나뭇조각

22 비상교육, 천재교육 외

덥고 비가 많이 내리는 고장에서 주로 볼 수 있는 집은 어느 것입니까? (   )

①
▲ 기와집

②
▲ 수상 가옥

③
▲ 이글루

④
▲ 너와집

23 서술형 미래엔, 천재교육 외

겨울철에 눈이 많이 내리는 울릉도에서 다음과 같이 집에 설치한 벽의 이름을 쓰고, 그것을 설치한 까닭은 무엇인지 쓰시오.

_____

_____

24 아이스크림, 천재교육 외

옛날에 터돋움집을 지었던 고장의 특징으로 알맞은 것은 어느 것입니까? (   )

① 화산 폭발이 자주 일어난다.
② 겨울에 눈이 거의 오지 않는다.
③ 기와를 만드는 재료가 풍부하다.
④ 주변 숲에서 통나무를 쉽게 구할 수 있다.
⑤ 여름철에 홍수로 집이 물에 잠길 위험이 있다.

25 ➕ 11종 공통

고장 사람들의 생활 모습에 대해 잘못 말한 친구의 이름을 쓰시오.

• 지훈: 고장 사람들의 식생활 모습은 모두 똑같아.
• 정원: 바다로 둘러싸인 고장에는 생선을 이용한 음식이 많아.
• 현석: 자연환경에 따라 고장 사람들의 주생활 모습은 다양하게 나타나.

(   )

1 우리 고장의 환경과 생활 모습

★ 고장의 계절별 기온과 강수량 그래프

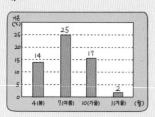
▲ 평균 기온

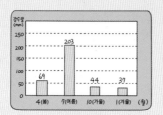
▲ 평균 강수량

· 7월(여름)에 기온이 가장 높고 강수량이 가장 많습니다.
· 1월(겨울)에 기온이 가장 낮고 강수량이 가장 적습니다.

1. 우리 고장의 환경

① 환경의 뜻: 사람이 살아가는 데 영향을 주는 우리 주변의 모든 것을 말합니다.
② 환경의 종류

자연환경	❶
산, 들, 하천, 바다와 같은 땅의 생김새와 날씨에 영향을 주는 눈, 비, 바람, 기온 등	논과 밭, 공원, 과수원, 건물, 항구, 도로, 다리, 공장, 저수지 등

2. 땅의 생김새에 따른 우리 고장 사람들의 생활 모습

① 고장의 다양한 땅의 생김새에 따라 그 고장 사람들의 생활 모습도 다릅니다.
② 자연환경을 이용하여 생활에 필요한 시설을 만들기도 합니다.

3. 계절에 따른 우리 고장 사람들의 생활 모습

① 우리나라 계절의 특징: 봄, 여름, 가을, 겨울의 ❷ [   ]이 있고, 계절에 따라 날씨가 다릅니다.
② 계절에 따라 달라지는 고장 사람들의 생활 모습

봄	주변의 산이나 공원으로 꽃구경을 감.
여름	얇은 옷을 입고, 더위를 피해 해수욕을 즐김.
가을	단풍 구경을 가고, 논과 밭에서 곡식이나 열매를 수확함.
겨울	두꺼운 옷을 입고, 눈썰매장에서 썰매를 탐.

★ 여가 생활을 즐기는 모습

▲ 패러글라이딩

▲ 캠핑

▲ 영화 관람

4. 우리 고장 사람들이 하는 일

① 산이 많은 고장
· ❸ [   ]에서 소나 양을 길러 고기와 우유를 얻습니다.
· 산비탈에서 스키장이나 썰매장을 운영합니다.
② 들이 펼쳐진 고장
· 논과 밭이 있는 고장: 밭이나 비닐하우스에서 채소와 과일을 재배합니다.
· 도시가 발달한 고장: 공장에서 물건을 만들거나 회사에서 일합니다.
③ 바다가 있는 고장
· 물고기를 잡거나 김, 미역 등을 기릅니다.
· 바닷물을 이용하여 소금을 얻습니다.

5. 우리 고장 사람들의 여가 생활 모습

① ❹ [   ]의 뜻: 스스로 즐거움을 얻고자 남는 시간에 하는 자유로운 활동을 말합니다.
② 자연환경과 인문환경을 이용한 여가 생활

자연환경을 이용한 여가 생활	패러글라이딩, 캠핑, 래프팅, 물놀이 등
인문환경을 이용한 여가 생활	박물관 견학, 공원 산책, 영화 관람, 놀이 기구 이용 등

② 환경에 따른 의식주 생활 모습

● 정답과 풀이 5쪽

1. 의식주

① **⑤ [　　　]의 뜻**: 사람이 살아가기 위해 꼭 필요한 옷, 음식, 집을 말합니다.

② **의식주가 필요한 이유**

의	다양한 환경으로부터 몸을 보호하고, 체온을 유지하기 위해 옷이 필요함.
식	활동에 필요한 영양소와 힘을 얻기 위해 음식이 필요함.
주	더위나 추위를 피하고, 안전하고 편안하게 쉬기 위해 집이 필요함.

2. 세계 여러 고장의 자연환경과 의생활 모습

⑥ [　　　]에 있는 고장	뜨거운 햇볕과 모래바람을 막기 위해 주로 긴 옷을 입고 머리에 천을 둘러 감음.
덥고 비가 많이 내리는 고장	바람이 잘 통하는 긴 옷을 입고 챙이 넓은 모자를 씀.
춥고 눈이 많이 오는 고장	동물의 털과 가죽으로 만든 두꺼운 옷을 입음.
낮과 밤의 기온 차가 큰 고장	낮의 뜨거운 햇볕을 막고 밤의 추위를 견디려고 망토와 같은 긴 옷을 걸치고 모자를 씀.

3. 고장 사람들의 식생활 모습

① **고장의 자연환경에 따라 다른 식생활**: 고장 사람들은 고장에서 많이 나는 재료를 이용해 만든 음식을 주로 먹습니다.

② **고장마다 발달한 여러 가지 음식**: 고장 사람들의 **⑦ [　　　]** 모습은 고장의 환경에 영향을 받으며, 음식은 각 고장의 환경에서 쉽게 구할 수 있는 재료를 중심으로 발달해 왔습니다.

4. 세계 여러 고장의 자연환경과 식생활 모습

덥고 비가 많이 내리는 고장	주변에서 쉽게 구할 수 있는 파인애플, 바나나, 망고와 같은 열대 과일을 이용한 음식이 많음.
추운 고장	날씨가 추워도 잘 자라는 호밀과 같은 곡식을 이용한 음식이 많음.
산지가 많은 고장	산지에서 젖소를 많이 키워 우유나 치즈를 이용한 음식이 많음.
바다로 둘러싸인 고장	바다에서 얻은 **⑧ [　　　]**을 이용한 음식이 많음.

5. 고장 사람들의 주생활 모습

① **고장의 자연환경에 따라 다른 주생활**: 고장의 계절과 날씨, 땅의 생김새 등에 따라 집을 짓는 재료가 다양하고 집의 모습이 다릅니다.

② **옛날 사람들의 주생활 모습**: 제주도 초가집, 너와집, 우데기집, 터돋움집 등이 있습니다.

★ 계절에 따라 달라지는 옷차림

▲ 여름

▲ 겨울

★ 세계 여러 고장 사람들의 집의 모습

▲ 이글루(그린란드)

▲ 게르(몽골)

▲ 동굴 집(터키)

1. 환경에 따라 다른 삶의 모습

1 ⊕ 11종 공통

다음 중 자연환경에 속하는 것은 어느 것입니까?

( )

①

▲ 논

②

▲ 도로

③

▲ 저수지

④

▲ 하천

2 ⊕ 11종 공통

다음 사진과 같은 자연환경을 이용하는 모습으로 알맞은 것은 어느 것입니까? ( )

① 댐을 만들어서 물을 이용한다.
② 도로와 아파트, 건물 등을 만든다.
③ 배가 드나들 수 있는 항구를 만든다.
④ 소금을 얻을 수 있는 염전을 만든다.
⑤ 산림욕장이나 공원, 등산로를 만든다.

[3-4] 다음은 지수네 고장의 기온과 강수량을 나타낸 그래프입니다. 물음에 답하시오.

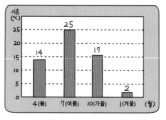

▲ 지수네 고장의 평균 기온

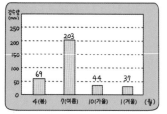

▲ 지수네 고장의 평균 강수량

3 ⊕ 11종 공통

지수네 고장에서 기온이 가장 높은 달의 기온과 가장 낮은 달의 기온을 각각 쓰시오.

(1) 기온이 가장 높은 달의 기온: ( )
(2) 기온이 가장 낮은 달의 기온: ( )

4 ⊕ 11종 공통

지수네 고장의 날씨에 대한 설명으로 알맞지 <u>않은</u> 것은 어느 것입니까? ( )

① 계절에 따라 날씨가 다르다.
② 일 년 내내 강수량이 똑같다.
③ 봄, 여름, 가을, 겨울 사계절이 있다.
④ 여름에는 기온이 높고 비가 많이 온다.
⑤ 겨울에는 기온이 낮아 춥고 눈이 내리기도 한다.

5 ✚ 11종 공통

다음과 같은 인문환경을 볼 수 있는 고장을 골라 ○ 표 하시오.

• 목장	• 스키장	• 썰매장

(1) 산이 많은 고장 ( )
(2) 바다가 있는 고장 ( )
(3) 넓은 들이 있는 고장 ( )

6 ✚ 11종 공통

바다가 있는 고장 사람들이 주로 하는 일로 알맞지 않은 것은 어느 것입니까? ( )

① 김 기르기
② 물고기 잡기
③ 미역 기르기
④ 버섯 기르기
⑤ 고기잡이 도구 팔기

7 서술형 ✚ 11종 공통

다음 대화를 보고 서현이와 종우의 여가 생활의 차이점을 환경과 관련지어 쓰시오.

나는 일요일에 가까운 영화관에 가서 영화를 봤는데, 넌 뭘 했니?

나는 가족과 함께 하천에서 래프팅을 했어.

▲ 서현
▲ 종우

_____

_____

8 ✚ 11종 공통

의식주가 필요한 까닭이 알맞게 짝지어진 것을 보기에서 모두 골라 기호를 쓰시오.

보기
㉠ 의 – 몸을 보호하기 위해서
㉡ 식 – 영양소를 얻기 위해서
㉢ 식 – 체온을 유지하기 위해서
㉣ 주 – 활동에 필요한 힘을 얻기 위해서

( )

9 서술형 ✚ 11종 공통

날씨가 추울 때 볼 수 있는 고장 사람들의 옷차림을 두 가지 쓰시오.

_____

_____

10 비상교과서, 천재교육 외

낮과 밤의 기온 차가 큰 고장에 사는 사람들의 옷차림으로 알맞은 것은 어느 것입니까? ( )

① 반소매 옷과 반바지
② 망토와 같은 긴 옷과 모자
③ 동물의 털과 가죽으로 만든 두꺼운 옷
④ 흰 천으로 된 긴 옷과 머리에 쓰는 흰 천
⑤ 바람이 잘 통하는 긴 옷과 챙이 넓은 모자

11 비상교육, 천재교육 외

다음과 같은 옷차림을 볼 수 있는 고장의 모습으로 알맞은 것은 어느 것입니까? (   )

> 뜨거운 햇볕과 모래바람을 막기 위해 주로 긴 옷을 입고 머리에 천을 둘러 감습니다.

① ▲ 사우디아라비아

② ▲ 베트남

③ ▲ 캐나다

④ ▲ 페루

12 ✚ 11종 공통

바다가 있는 고장에서 발달한 음식으로 알맞지 <u>않은</u> 것은 어느 것입니까? (   )

① 생선회   ② 대게찜   ③ 꼬막무침
④ 옥돔구이   ⑤ 감자 옹심이

13 동아출판, 천재교육 외

다음에서 설명하는 식생활 모습을 볼 수 있는 고장의 자연환경으로 알맞은 것은 어느 것입니까? (   )

> 파인애플, 바나나, 망고와 같이 주변에서 쉽게 구할 수 있는 열대 과일을 이용한 음식이 많습니다.

① 사막이 있다.
② 눈이 많이 내린다.
③ 날씨가 덥고 비가 많이 내린다.
④ 산지가 있어 젖소를 많이 키운다.
⑤ 바다로 둘러싸여 있어 해산물이 많이 잡힌다.

14 미래엔, 비상교과서 외

다음 (   ) 안에 들어갈 알맞은 나라 이름은 무엇입니까? (   )

> (   )의 화산 폭발이 있었던 고장에서는 화산이 폭발하여 만들어진, 단단하지 않은 바위를 파서 그 속에 집을 지었습니다.

① 몽골   ② 일본
③ 터키   ④ 러시아
⑤ 그린란드

15 서술형 미래엔, 천재교육 외

다음과 같은 집을 볼 수 있는 고장의 자연환경에서 특징을 쓰시오.

▲ 우데기집

_____

_____

1 ➕ 11종 공통

자연환경 중 날씨에 영향을 주는 것이 <u>아닌</u> 것은 어느 것입니까? (   )

① 눈   ② 들   ③ 비
④ 기온   ⑤ 바람

2 서술형 비상교과서, 천재교육 외

고장 사람들이 다음과 같은 자연환경을 이용하는 모습을 한 가지만 쓰시오.

▲ 바다

_____

_____

3 아이스크림, 천재교육 외

다음 평균 강수량 그래프에서 강수량이 가장 많은 계절은 언제인지 찾아 쓰시오.

강수량 그래프 (강수량 mm): 4(봄) 69, 7(여름) 203, 10(가을) 44, 1(겨울) 37 (월)

(   )

4 ➕ 11종 공통

사람들이 다음과 같은 일을 하는 고장은 어디입니까? (   )

• 버섯을 기르고, 약초를 캡니다.
• 스키장이나 썰매장을 운영합니다.

① 산이 많은 고장
② 바다가 있는 고장
③ 사막이 있는 고장
④ 도시가 발달한 고장
⑤ 논과 밭이 있는 고장

5 ➕ 11종 공통

논과 밭이 있는 고장의 사람들이 하는 일이 <u>아닌</u> 것은 어느 것입니까? (   )

① 과일을 재배한다.
② 채소를 재배한다.
③ 농기계를 팔거나 고친다.
④ 염전에서 소금을 얻는다.
⑤ 농업 기술을 연구하고 알려 준다.

[6-7] 다음 사진을 보고, 물음에 답하시오.

㉠
▲ 래프팅

㉡
▲ 박물관 견학

㉢
▲ 패러글라이딩

㉣
▲ 캠핑

6 ⊕ 11종 공통

위와 같이 스스로 즐거움을 얻고자 남는 시간에 하는 자유로운 활동을 무엇이라고 하는지 쓰시오.

(   )

7 ⊕ 11종 공통

위 ㉠~㉣ 중 고장 사람들이 인문환경을 이용하는 활동을 골라 기호를 쓰시오.

(   )

8 ⊕ 11종 공통

의식주가 필요한 이유를 선으로 알맞게 연결하시오.

(1) 의 •

(2) 식 •

(3) 주 •

• ㉠ 활동에 필요한 영양소와 힘을 얻기 위해서

• ㉡ 안전하고 편안하게 쉬기 위해서

• ㉢ 다양한 환경으로부터 몸을 보호하고 체온을 유지하기 위해서

9 ⊕ 11종 공통

다음과 같은 우리 고장 사람들의 옷차림을 볼 수 있는 계절은 언제인지 각각 쓰시오.

(1)    (2)

(   )   (   )

10 서술형   비상교과서, 천재교육 외

세계 여러 고장 중 다음과 같은 의생활 모습을 볼 수 있는 고장의 날씨를 쓰시오.

바람이 잘 통하는 긴 옷을 입고 챙이 넓은 모자를 써요.

_____

_____

11 비상교육, 천재교육 외

페루와 같이 낮과 밤의 기온 차가 큰 고장에 사는 사람들의 옷차림으로 알맞은 것은 어느 것입니까?

(   )

①

②

③

④

12 ➕ 11종 공통

다음 중 식생활과 관련된 것이 <u>아닌</u> 것은 어느 것입니까? (   )

①

▲ 밥

②

▲ 식빵

③

▲ 스마트폰

④

▲ 국

13 미래엔, 아이스크림 외

다음 중 우리나라의 각 고장에서 발달한 음식이 <u>잘못</u> 연결된 것은 어느 것입니까? (   )

① 부산 – 파전
② 영덕 – 대게찜
③ 제주 – 옥돔구이
④ 천안 – 꼬막무침
⑤ 춘천 – 메밀 막국수

14 ➕ 11종 공통

세계 여러 고장 사람들의 집의 모습이 다양하게 나타나는 까닭은 무엇입니까? (   )

① 고장의 이름이 달라서
② 고장의 자연환경이 달라서
③ 고장의 통신 수단이 달라서
④ 고장 사람들의 종교가 달라서
⑤ 고장 사람들의 생김새가 달라서

15 서술형 아이스크림, 천재교육 외

옛날 사람들이 다음과 같은 집을 지었던 까닭은 무엇인지 쓰시오.

▲ 터돋움집

_____

_____

1. 환경에 따라 다른 삶의 모습

평가 주제	우리 고장의 환경과 고장 사람들이 하는 일 설명하기
평가 목표	우리 고장의 환경과 고장 사람들이 하는 일을 서술할 수 있다.

[1-3] 다음 사진을 보고, 물음에 답하시오.

1 위 ㉠을 가리키는 말로, 강과 시내를 아울러 이르는 말은 무엇인지 쓰시오.

(   )

> 도움 물로 이루어진 자연환경입니다.

2 위 사진에서 자연환경과 인문환경을 찾아 각각 두 가지씩 쓰시오.

자연환경	㈎
인문환경	㈏

> 도움 환경은 자연환경과 인문환경으로 구분할 수 있습니다.

3 위와 같은 도시가 발달한 고장에 사는 사람들이 하는 일을 두 가지 쓰시오.

• 공장에서 물건을 만듭니다.

• _____

• _____

> 도움 도시에 사는 사람들은 인문환경을 이용해 다양한 일을 합니다.

1. 환경에 따라 다른 삶의 모습

문제 강의

평가 주제	세계 여러 고장 사람들의 주생활 모습 설명하기
평가 목표	고장의 자연환경에 따라 다른 주생활 모습을 서술할 수 있다.

[1-3] 다음 여러 고장 사람들의 집의 모습을 보고, 물음에 답하시오.

(가) ▲ 이글루 (나) ▲ 이즈바 (다) ▲ 수상 가옥
(라) ▲ 동굴 집 (마) ▲ 터돋움집 (바) ▲ 게르

1 다음과 같은 고장에서 볼 수 있는 집의 모습을 (가)~(바) 중 골라 기호를 쓰시오.

(1) 주변 숲에서 통나무를 쉽게 구할 수 있는 고장
(   )

(2) 화산 폭발로 만들어진 단단하지 않은 바위들이 있는 고장
(   )

> 도움 고장의 자연환경에 따라 집을 짓는 재료가 다양합니다.

2 위 (가)와 (다)를 지었던 까닭은 무엇인지 쓰시오.

(1) (가)를 지은 까닭: _____

_____

(2) (다)를 지은 까닭: _____

_____

> 도움 고장의 자연환경에 따라 집의 형태가 다릅니다.

3 위와 같이 고장마다 주생활 모습이 다르게 나타나는 까닭은 무엇인지 쓰시오.

_____

_____

> 도움 고장의 자연환경은 고장 사람들의 생활에 영향을 줍니다.

다른 그림을 찾아보세요.

● 정답과 풀이 7쪽

다른 곳이 15군데 있어요.

2 시대마다 다른 삶의 모습

▶ 단원별 학습 내용과 교과서별 해당 쪽수를 확인해 보세요.

1 옛날과 오늘날의 생활 모습 (1)

개념 강의

1 옛날 사람들의 생활 모습

① 돌을 깨뜨려 도구를 만들어 쓰던 시대의 생활 모습

주먹도끼

- 추위나 동물의 공격을 피해 동굴이나 바위 그늘에서 살았습니다.
- 먹을 것을 구하기 위해 이동 생활을 했으며, 열매를 따거나 동물을 사냥해 먹을거리를 얻었습니다.┐불에 직접 음식을 구워 먹었어요.
- 돌을 깨뜨리거나 나무를 이용하여 생활 도구로 사용했고, 동물 가죽으로 옷을 만들었습니다.└사람이 생활하는 데 필요한 여러 가지 물건을 생활 도구라고 해요.

② 돌을 갈아서 도구를 만들어 쓰던 시대의 생활 모습 [자료1]
└한곳에 정착하여 살았어요.
- 먹을 것이 풍부한 강가나 바닷가에 모여 움집을 짓고 살기 시작했습니다.
- 돌을 갈아서 만든 도구로 낚시를 하고 농사를 짓기 시작했습니다.
- 흙으로 그릇을 만들고, 가락바퀴를 만들어서 실을 뽑았습니다.

③ 청동으로 만든 도구를 사용한 시대의 생활 모습 [자료2]
- 청동은 귀하고 다루기 어려워서 무기나 장신구, 제사를 지내는 도구를 만드는 데 주로 사용했습니다. 🔹
- 농사를 지을 때나 일상생활에서는 돌과 나무로 만든 도구를 사용했습니다.
- 돌로 다양한 모양의 생활 도구를 만들었으며, 농사가 전보다 발달했고, 마을도 커졌습니다.

④ 철로 만든 도구를 사용한 시대의 생활 모습
- 청동보다 단단한 철로 생활 도구와 무기를 만들어 널리 사용했습니다.
- 철로 만든 농사 도구를 사용하면서 농업이 크게 발달했습니다.
- 철로 검, 갑옷 등의 무기를 만들면서 전쟁이 활발해졌습니다. 🔹

2 농사 도구의 변화로 달라진 사람들의 생활 모습 [자료3]

1 **돌로 만든 농사 도구:** 농사를 짓기 시작한 사람들은 돌을 나무에 연결하거나 날카롭게 갈아서 농사 도구로 사용했습니다.

2 **철로 만든 농사 도구:** 철로 만든 단단하고 날카로운 도구 덕분에 한 사람이 갈 수 있는 논밭의 넓이와 수확하는 곡식의 양이 늘어났습니다.

3 **소를 이용한 농사 도구:** 도구를 직접 사용하는 것보다 힘을 덜 들이고 농사를 지을 수 있게 되었습니다.

4 **오늘날의 농기계:** 농기계를 사용하여 훨씬 편리하게 농사를 지을 수 있습니다.

➜ 농사 도구의 발달로 한 사람이 수확할 수 있는 곡식의 양이 많아졌고, 적은 힘으로 다양하고 많은 양의 곡식과 채소, 과일을 얻을 수 있게 되었습니다.

🔹 **비파형 동검**

칼의 모양이 비파라는 악기를 닮아서 붙은 이름으로, 청동으로 만든 칼입니다.

🔹 **철로 만든 도구**

▲ 철로 만든 갑옷　▲ 철로 만든 무기
철로 만든 갑옷과 무기를 가진 사람들은 전쟁에서 쉽게 이길 수 있었습니다.

용어 사전

- **움집** 땅을 파고 나무로 만든 기둥에 풀이나 갈대로 지붕을 덮어 지은 집.
- **청동** 구리와 주석을 섞어 단단하게 만든 금속.
- **장신구** 몸이나 옷차림을 보기 좋게 꾸미는 데 쓰는 물건.
- **제사** 일정한 방식으로 음식을 차려 놓고 일정한 격식에 따라 신령이나 죽은 조상의 신에게 절을 하며 받드는 것.

자료 1 돌을 갈아서 도구를 만들어 쓰던 시대의 생활 도구

빗살무늬 토기
토기에 음식을 보관하거나 조리할 때 사용했음.

가락바퀴
가락바퀴로 실을 뽑아서 옷을 만들었음.

뼈낚시 도구
돌과 동물의 뼈를 갈아서 낚시 도구를 만들어 사용했음.

보충 자료

● 농경문 청동기에 새겨져 있는 내용

▲ 농사짓는 모습이 새겨진 농경문 청동기(국립 중앙 박물관)

❶ 토기에 수확물을 담는 모습
❷ 농사 도구로 땅을 가는 모습
❸ 농사 도구로 땅을 파는 모습

2 단원

자료 2 청동으로 만든 도구를 사용한 시대의 생활 도구

청동 거울

청동 방울
비파형 동검과 함께 하늘에 제사를 지낼 때 부족장이 사용했음.

농경문 청동기
농사짓는 모습이 새겨져 있어서 당시의 생활 모습을 알 수 있음.

반달 돌칼
곡식을 거두어들일 때 반달 모양의 돌칼을 사용했음.

자료 3 농사 도구의 발달

땅을 가는 도구

돌괭이
나무 막대기 끝에 뾰족한 돌을 묶어 땅을 갈았음.

철로 만든 괭이
나무 막대기 끝에 철로 만든 쇠붙이를 묶어 땅을 갈았음.

쟁기
힘을 덜 들이고 논이나 밭을 고를 수 있게 되었음.

소를 이용하는 농사 도구예요.

트랙터
기계를 사용해 넓은 땅을 빠르게 갈 수 있게 되었음.

곡식을 수확하는 도구

반달 돌칼
돌을 갈아서 곡식을 베었음.

철로 만든 낫
날카로운 철로 곡식을 쉽게 베었음.

탈곡기
벼, 보리 등 곡식에서 낟알을 쉽게 얻을 수 있음.

콤바인
기계를 사용해 곡식을 수확하고 낟알을 빠르게 분리함.

1 옛날과 오늘날의 생활 모습 (1)

기본 개념 문제

1

돌을 깨뜨려 도구를 만들어 쓰던 시대에는 추위나 동물의 공격을 피해 (　　　　)(이)나 바위 그늘에서 살았습니다.

2

옛날 사람들은 돌을 갈아서 만든 도구로 낚시를 하고 (　　　　)을/를 짓기 시작했습니다.

3

청동은 귀하고 다루기 어려워서 무기나 장신구, 제사를 지내는 도구를 만드는 데 주로 사용했습니다.

(○ , ×)

4

(철 , 청동)(으)로 만든 농사 도구를 사용하면서 농업이 크게 발달했습니다.

5

농사 도구의 발달로 한 사람이 수확할 수 있는 곡식의 양이 적어졌습니다.

(○ , ×)

6 ➕ 11종 공통

다음 (　　　) 안에 들어갈 알맞은 말을 두 가지 쓰시오.

> 옛날 사람들은 주로 (　　　　)에서 살다가 시간이 흐른 뒤에 먹을 것이 풍부한 강가나 해안가에 모여 움집을 짓고 살기 시작했습니다.

(　　　　　　　　)

7 ➕ 11종 공통

돌을 깨뜨려 도구를 만들어 쓰던 시대의 생활 모습으로 알맞지 <u>않은</u> 것은 어느 것입니까? (　　　)

① 흙으로 그릇을 만들었다.
② 동물 가죽으로 옷을 만들었다.
③ 나무를 이용하여 생활 도구를 만들었다.
④ 먹을 것을 구하기 위해 이동 생활을 했다.
⑤ 열매를 따거나 동물을 사냥해서 먹을거리를 얻었다.

8 비상교육, 천재교육 외

다음 그림에 나타난 도구의 이름을 쓰시오.

(　　　　　　　　)

9 동아출판, 미래엔 외

다음 밑줄 친 시기에 살았던 사람들의 생활 모습으로 알맞은 것을 두 가지 고르시오. (　,　)

> 돌을 깨뜨려 도구를 만들어 사용했던 사람들은 시간이 흐른 뒤에 돌을 갈아서 도구를 만들어 쓰기 시작했습니다.

① 농사를 짓기 시작했다.
② 강가나 해안가에 모여 살았다.
③ 철로 만든 농사 도구를 사용했다.
④ 먹을 것을 구하기 위해 이동 생활을 했다.
⑤ 추위나 동물의 공격을 피해 동굴이나 바위 그늘에서 살았다.

10 비상교육, 천재교육 외

다음 (　) 안에 들어갈 알맞은 말을 쓰시오.

> (　　　)은/는 땅을 파고 나무로 만든 기둥에 풀이나 갈대로 지붕을 덮어 지은 집입니다.

(　　　　　　　)

11 서술형　➕ 11종 공통

다음 밑줄 친 부분과 같은 생활 모습을 볼 수 있었던 시대에 사람들이 어떤 도구를 사용했는지 쓰시오.

> 동굴이나 바위 그늘에 살았던 사람들이 시간이 흐른 뒤에 먹을 것이 풍부한 강가나 해안가에 모여 살기 시작했습니다.

_____

12 비상교과서, 천재교육 외

다음에서 설명하는 생활 도구의 이름을 쓰시오.

> 돌을 갈아서 도구를 만들어 쓰던 시대의 생활 도구로, 음식을 보관하거나 조리할 때 사용했습니다.

(　　　　　　　)

[13-14] 다음 글을 읽고, 물음에 답하시오.

> • 구리와 주석을 섞어 단단하게 만든 금속을 말합니다.
> • 옛날에 무기나 장신구, 제사를 지내는 도구를 만드는 데 주로 사용했습니다.

13　➕ 11종 공통

위에서 설명하는 금속은 무엇인지 쓰시오.

(　　　　　　　)

14　➕ 11종 공통

위 **13**번 답의 금속이 일상생활에서 쓰이지 않은 까닭은 무엇입니까? (　　　)

① 부서지기 쉬웠기 때문에
② 색이 너무 어두웠기 때문에
③ 귀하고 다루기 어려웠기 때문에
④ 더 단단한 금속이 있었기 때문에
⑤ 건강에 나쁜 영향을 주었기 때문에

15 천재교과서, 천재교육 외

오른쪽과 같은 도구의 쓰임새로 알맞은 것은 어느 것입니까?

(   )

▲ 청동 거울

① 땅을 갈 때 사용했다.
② 곡식을 담는 그릇이다.
③ 불을 피울 때 사용했다.
④ 동물을 사냥하는 도구이다.
⑤ 제사를 지낼 때 사용했던 도구이다.

16 미래엔, 천재교육 외

다음 중 청동으로 만든 도구를 골라 ○표 하시오.

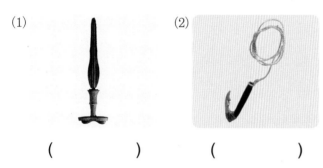

(1)   (2)

(   )   (   )

17 서술형   동아출판, 비상교과서 외

다음 청동으로 만든 물건에 새겨져 있는 사람들의 생활 모습을 쓰시오.

_____

_____

18 ➕ 11종 공통

다음 ㉠, ㉡에 들어갈 알맞은 말을 골라 ○표 하시오.

이전까지 장식용 도구로 주로 사용되던 ㉠ (청동 , 철)과 달리 ㉡ (청동 , 철)은 생활 도구와 무기로 널리 사용되었습니다.

19 ➕ 11종 공통

철로 만든 도구를 사용하면서 달라진 생활 모습으로 알맞은 것은 어느 것입니까? (   )

① 농업이 크게 발달했다.
② 전쟁이 일어나지 않게 되었다.
③ 제사장이 하늘에 제사를 지내게 되었다.
④ 사람들이 강가나 해안가에 모여 살기 시작하였다.
⑤ 추위나 동물의 공격을 피해 동굴이나 바위 그늘에서 살았다.

20 ➕ 11종 공통

옛날 사람들이 다음과 같은 도구를 만들면서 달라진 점으로 알맞은 것은 어느 것입니까? (   )

▲ 철로 만든 갑옷   ▲ 철로 만든 무기

① 농사를 짓기 시작했다.
② 튼튼한 옷을 입게 되었다.
③ 전쟁에서 쉽게 이길 수 있었다.
④ 한곳에 머물러 살기 시작하였다.
⑤ 다양한 음식을 만들어 먹게 되었다.

21 ➕ 11종 공통

다음 농사 도구들의 공통점은 무엇입니까? (   )

▲ 돌괭이

▲ 반달 돌칼

① 손잡이가 철이다.
② 돌을 사용하여 만들었다.
③ 오늘날에 많이 사용한다.
④ 땅을 갈 때 쓰는 도구이다.
⑤ 소를 이용한 농사 도구이다.

22 ➕ 11종 공통

다음 그림을 보고 땅을 가는 도구의 발달 과정에 맞게 순서대로 기호를 쓰시오.

㉠

▲ 쟁기

㉡

▲ 트랙터

㉢

▲ 철로 만든 괭이

㉣

▲ 돌괭이

(   ) → (   ) → (   ) → (   )

23 서술형 ➕ 11종 공통

다음과 같은 농사 도구를 사용하면서 달라진 생활 모습을 쓰시오.

▲ 탈곡기

_____

_____

24 ➕ 11종 공통

오늘날 곡식을 수확하는 데 주로 사용하는 농기계는 어느 것입니까? (   )

① 쟁기   ② 돌괭이
③ 콤바인   ④ 트랙터
⑤ 반달 돌칼

25 ➕ 11종 공통

농사 도구의 발달로 달라진 사람들의 생활 모습으로 알맞지 않은 것은 어느 것입니까? (   )

① 수확하는 곡식의 양이 늘어났다.
② 편리하게 농사를 지을 수 있게 되었다.
③ 힘을 덜 들이고 밭을 고를 수 있게 되었다.
④ 다양한 곡식과 채소를 얻을 수 있게 되었다.
⑤ 한 사람이 농사지을 수 있는 논밭의 넓이가 좁아졌다.

1 옛날과 오늘날의 생활 모습 (2)

1 음식을 만드는 도구의 변화 자료 1

① 재료를 가는 도구의 발달

갈돌, 갈판	맷돌	믹서
갈판에 재료를 올리고 갈돌로 갈았음.	→ 맷돌에 재료를 넣고 손잡이를 돌려서 갈았음.	→ 재료를 넣고 믹서를 작동함.

② 음식을 요리할 때 사용하는 도구의 발달

토기	시루	가마솥	전기밥솥
토기에 재료를 넣고 끓여 먹었음.	→ 바닥의 구멍에서 올라오는 뜨거운 김으로 재료를 쪄서 먹었음.	→ 철로 만든 뚜껑을 덮어 음식을 골고루 익혀 먹었음.	→ 불을 피우지 않고 빠르게 밥을 지어 먹음.

2 옷을 만드는 도구의 변화 자료 2

① 옷감이나 실을 만드는 도구의 발달 → 기계를 이용해 다양한 옷감을 빠르고 편리하게 만들 수 있어요.

가락바퀴	물레	베틀	방직기
식물의 줄기를 꼬아서 실을 만들었음.	→ 솜이나 털 등에서 실을 뽑아냈음.	→ 베틀에 실을 올려놓고 서로 엮어서 옷감을 만들었음.	→ 실을 뽑아서 옷감을 짜는 기계로, 다양한 옷감을 빠르게 만듦.

② 옷감을 꿰매는 도구의 발달

뼈바늘	쇠바늘	재봉틀
뼈바늘로 가죽이나 옷감을 꿰맸음.	→ 뼈바늘보다 뾰족하고 단단하여 쉽게 옷감을 꿰맬 수 있음.	→ 바느질을 해 주는 기계로, 빠르고 정확하게 옷감을 꿰맬 수 있음.

3 사람들이 사는 집의 모습 변화 자료 3

동굴, 바위 그늘	동굴이나 바위 그늘에서 추위와 더위를 피하고 사나운 짐승의 공격으로부터 몸을 보호했음. → 옛날 사람들은 먹을 것을 찾아 이동 생활을 했어요.
움집	• 농사를 짓기 시작하면서 사람들은 한곳에 모여 자리를 잡고 살았음. • 땅을 파서 기둥을 세우고 풀, 갈대, 짚 등으로 지붕을 덮어 움집을 만들었음. → 하나의 방에서 도구를 손질하고 음식을 만들어 먹었어요.
초가집	• 볏짚을 엮어 지붕을 만들고, 나무와 흙으로 벽을 만든 집임. • 화장실은 방과 떨어져 있었고, 마당에는 외양간을 두어 가축을 기르고 농사와 관련된 여러 가지 일을 했음.
기와집	• 흙을 구워 만든 기와로 지붕을 덮은 집임. • 안채와 사랑채 등으로 이루어져 있고, 안채에서는 주로 여자들이 생활하고 사랑채에서는 남자들이 글공부를 하거나 손님을 맞이했음.
주택, 아파트	• 오늘날에는 주로 철근과 콘크리트로 만든 주택, 아파트 등에서 생활함. • 방, 부엌, 화장실 등이 주로 집 안에 있어서 한 공간에서 다양한 생활을 할 수 있음.

용어 사전

● **꿰매다** (해지거나 뚫어진 데를) 바느질하여 깁다.
● **볏짚** 벼의 낟알을 떨어내고 남은 줄기와 잎.
● **외양간** 소나 말을 먹이고 기르는 건물.
● **철근** 건축을 할 때 콘크리트 속에 박아 뼈대로 삼는 쇠 막대.
● **콘크리트** 모래와 자갈을 섞은 시멘트를 물로 반죽한 것, 또는 그것을 굳힌 것.

❖ 교과서 통합 대표 자료

자료1 음식을 만드는 도구의 발달과 생활 모습의 변화

재료를 가는 도구의 발달

| 갈돌, 갈판 | 맷돌 | 믹서 |

음식을 요리할 때 사용하는 도구의 발달

| 토기 | 시루 | 가마솥 | 전기밥솥 |

▷ 도구가 발달하면서 빠르고 편리하게 다양한 음식을 만들 수 있게 되었습니다.

자료2 옷을 만드는 도구의 발달과 생활 모습의 변화

옷감이나 실을 만드는 도구의 발달

| 가락바퀴 | 물레 | 베틀 | 방직기 |

옷감을 꿰매는 도구의 발달

| 뼈바늘 | 쇠바늘 | 재봉틀 |

▷ 도구가 발달하면서 다양한 종류의 옷을 쉽고 빠르게 만들 수 있게 되었습니다.

자료3 여러 가지 집의 모습

초가집	기와집
초가집 지붕의 재료인 볏짚은 불에 타기 쉽고, 잘 썩었기 때문에 지붕을 자주 갈아 줘야 했음.	기와는 불에 잘 타지 않고, 썩지 않아서 지붕을 오랜 시간 바꾸지 않고 살 수 있었음.

보충 자료

● 움집

움집 한가운데에는 불을 피워 음식을 만들어 먹고 따뜻하게 지낼 수 있었습니다.

● 온돌

방바닥 아래에 넓은 돌(구들장)을 여러 개 놓고 이 돌을 따뜻하게 데우는 난방 방법입니다.

● 오늘날 집의 모습

주택

아파트

아파트는 높게 지어서 여러 층으로 나눈 집으로, 사람들이 많이 모여 살 수 있습니다.

2 단원

기본 개념 문제

1

(　　　　　)은/는 곡식을 넣고 손잡이를 돌려서 재료를 가는 도구입니다.

2

시루는 철로 만든 뚜껑을 덮어 음식을 골고루 익혀 먹을 수 있는 도구입니다.

(○ , ×)

3

옛날 사람들은 가락바퀴로 식물의 줄기를 꼬아서 (　　　　　)을/를 만들었습니다.

4

옛날 사람들은 땅을 파서 기둥을 세우고 풀, 갈대, 짚 등으로 지붕을 덮어 (　　　　　)을/를 만들었습니다.

5

(기와집 , 초가집) 지붕의 재료인 볏짚은 불에 타기 쉽고, 잘 썩었기 때문에 지붕을 자주 갈아 줘야 했습니다.

6 ➕ 11종 공통

다음 음식 재료를 가는 도구 중 가장 먼저 발달한 도구는 어느 것입니까? (　　　　)

① 물레　　　　② 믹서　　　　③ 뼈바늘
④ 가락바퀴　　⑤ 갈돌, 갈판

7 ➕ 11종 공통

다음 (　　　) 안에 공통으로 들어갈 말을 쓰시오.

> • (　　　　)은/는 음식 재료를 가는 도구입니다.
> • (　　　　)에 재료를 넣고 손잡이를 돌려서 갈았습니다.

(　　　　　　　　　　)

8 ➕ 11종 공통

음식을 만드는 도구의 쓰임이 나머지와 <u>다른</u> 하나는 어느 것입니까? (　　　　)

① 　　②

③ 　　④

[9-10] 다음 사진은 음식을 요리할 때 사용하는 도구입니다. 물음에 답하시오.

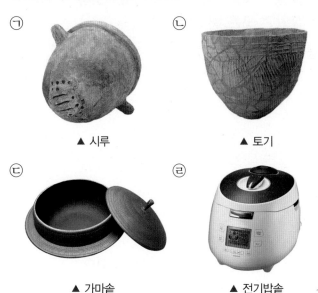

㉠ ▲ 시루

㉡ ▲ 토기

㉢ ▲ 가마솥

㉣ ▲ 전기밥솥

9 ➕ 11종 공통

위 ㉠~㉣ 중 바닥의 구멍에서 올라오는 뜨거운 김으로 재료를 쪄서 먹을 때 사용하던 도구를 골라 기호를 쓰시오.

( )

10 미래엔, 천재교육 외

위 ㉠~㉣을 음식을 요리할 때 사용하는 도구의 발달 과정에 맞게 순서대로 기호를 쓰시오.

( ) → ( ) → ( ) → ( )

11 서술형 ➕ 11종 공통

음식을 만드는 도구가 발달하면서 사람들의 생활 모습은 어떻게 달라졌는지 쓰시오.

_____

_____

12 비상교과서, 천재교육 외

다음에서 설명하는 옷을 만드는 도구는 무엇인지 쓰시오.

옛날 사람들이 식물의 줄기를 꼬아서 실을 만들 때 이용했던 도구입니다.

( )

13 ➕ 11종 공통

다음 빈칸에 들어갈 알맞은 말을 보기 에서 찾아 쓰시오.

보기
• 물레   • 베틀   • 뼈바늘

(1) ( )은/는 솜이나 털 등에서 실을 뽑아내는 도구입니다.

(2) ( )에 실을 올려놓고 서로 엮어서 옷감을 만들었습니다.

14 서술형 ➕ 11종 공통

오늘날 기계를 이용해서 옷을 만들 때의 좋은 점은 무엇인지 쓰시오.

_____

_____

15 미래엔, 천재교육 외

옷감을 꿰매는 도구의 발달 과정에 맞게 (   ) 안에 들어갈 알맞은 도구를 쓰시오.

((   ) → 쇠바늘 → 재봉틀)

(   )

16 미래엔, 천재교육 외

오늘날 옷감을 꿰맬 때 사용하는 기계의 모습으로 알맞은 것을 골라 ○표 하시오.

(1) (   )　　(2) (   )

17 ➕ 11종 공통

옷감이나 실을 만드는 도구의 발달로 달라진 사람들의 생활 모습으로 알맞은 것은 어느 것입니까?

(   )

① 농사를 짓는 기술이 발달하게 되었다.
② 옷을 만드는 데 걸리는 시간이 길어졌다.
③ 다양한 종류의 음식을 만들어 먹을 수 있게 되었다.
④ 다양한 종류의 옷을 쉽고 빠르게 만들 수 있게 되었다.
⑤ 여러 가지 방법으로 음식을 편리하게 만들어 먹을 수 있게 되었다.

18 ➕ 11종 공통

먹을 것을 찾아 이동 생활을 했던 옛날 사람들이 주로 살았던 곳은 어디입니까? (   )

① 동굴　　　② 움집　　　③ 기와집
④ 아파트　　⑤ 초가집

19 ➕ 11종 공통

다음에서 설명하는 집은 무엇인지 쓰시오.

> • 땅을 파서 기둥을 세우고 풀, 갈대, 짚 등으로 지붕을 덮어 만든 집입니다.
> • 집의 한가운데에는 불을 피워 음식을 만들어 먹고 따뜻하게 지낼 수 있었습니다.

(   )

20 ➕ 11종 공통

다음과 같은 집에 살았던 사람들의 생활 모습으로 알맞은 것은 어느 것입니까? (   )

① 화장실이 집 안에 있었다.
② 먹을 것을 찾아 옮겨 다녔다.
③ 여자와 남자가 생활하는 공간이 달랐다.
④ 넓은 마당에서 농사와 관련된 여러 가지 일을 했다.
⑤ 하나의 방에서 도구를 손질하고 음식을 만들었다.

21 ➕ 11종 공통

초가집에 대한 설명으로 알맞지 <u>않은</u> 것을 두 가지 고르시오. (　　,　　)

① 나무와 흙으로 벽을 만들었다.
② 볏짚을 엮어 지붕을 만들었다.
③ 화장실이 방과 떨어져 있었다.
④ 지붕이 불에 탈 걱정이 없었다.
⑤ 지붕이 썩지 않아 바꾸지 않고 살 수 있었다.

22 서술형 ➕ 11종 공통

초가집과 기와집의 차이점을 지붕과 관련지어 쓰시오.

_____

_____

23 ➕ 11종 공통

다음에서 설명하는 난방 방법은 무엇입니까?
(　　　)

　방바닥 아래에 넓은 돌 (구들장)을 여러 개 놓고 이 돌을 따뜻하게 데우는 난방 방법입니다.

① 굴뚝　　　　　② 난로
③ 온돌　　　　　④ 보일러
⑤ 온풍기

[24-25] 다음 보기 를 보고, 물음에 답하시오.

보기

ㄱ ▲ 움집
ㄴ ▲ 기와집
ㄷ ▲ 아파트
ㄹ ▲ 초가집

24 ➕ 11종 공통

다음에서 설명하는 집을 보기 에서 골라 기호를 쓰시오.

　주로 시멘트와 철근으로 지으며 높게 지어서 여러 층으로 나눈 집으로, 사람들이 많이 모여 살 수 있습니다.

(　　　　　　　)

25 미래엔, 천재교육 외

다음에서 설명하는 집을 보기 에서 골라 기호를 쓰시오.

• 집이 안채와 사랑채 등으로 이루어져 있습니다.
• 안채에서는 주로 여자들이 생활했습니다.
• 사랑채에서는 남자들이 글공부를 하거나 손님을 맞이했습니다.

(　　　　　　　)

2 옛날과 오늘날의 세시 풍속 (1)

1 세시 풍속

① **세시 풍속의 뜻**: 명절날에 하는 일과 놀이, 먹는 음식, 입는 옷과 같이 일정한 날이나 계절에 반복하는 우리 고유의 풍속을 말합니다. 자료1

② **명절의 뜻**: 설날, 추석, 정월 대보름, 동지 등 옛날부터 해마다 즐기거나 기념 하는 날을 말합니다.

2 옛날의 세시 풍속

① **우리나라 세시 풍속의 특징** → 농사를 지을 때는 계절과 날씨의 변화가 중요해요.

- 조상들의 세시 풍속은 농사와 관련된 것이 많습니다.
- 조상들은 계절과 날씨에 따라 알맞은 세시 풍속을 즐겼습니다.
- 계절에 맞는 음식을 먹거나 덕담을 주고받는 등 건강과 복을 빌었습니다. 자료2

② **옛날의 세시 풍속 알아보기** + 자료3

보름달 아래에서 달집을 태우면서 → 농사가 잘되길 빌었어요.

설날	• 음력 1월 1일로, 새해 첫날임. • 한복을 입고 웃어른께 세배를 드렸으며, 떡국을 먹었음. • 조상들께 차례를 지내고, 성묘를 했음. • 윷놀이, 제기차기, 연날리기, 널뛰기 등의 놀이를 즐겼음.
정월 대보름	• 음력 1월 15일로, 새해의 첫 보름달이 뜨는 날임. • 풍년을 바라며 오곡밥을 먹고, 건강을 빌며 부럼을 깨 먹었음. • 나쁜 기운을 쫓기 위해 달집태우기, 쥐불놀이를 했음. +
한식	• 동지로부터 105일째 되는 날로, 차가운 음식을 먹는 날임. • 밭에 씨를 뿌리는 시기이며, 조상의 산소를 찾아가 풍년을 빌며 성묘를 했음.
단오	• 음력 5월 5일로, 더위가 시작되는 시기임. • 수리취떡을 먹고, 여름을 시원하게 지내라고 부채를 선물했음. • 나쁜 기운을 쫓는다는 의미로 창포물에 머리를 감았음. • 그네뛰기와 씨름 등의 놀이를 즐겼음.
삼복	• 일 년 중 가장 더운 시기인 초복, 중복, 말복을 말함. • 더위를 피해 계곡이나 산으로 놀러 갔음. • 영양이 풍부한 닭백숙, 육개장 등을 먹었음.
추석	• 음력 8월 15일로, '한가위'라고도 부름. • 한 해 동안 농사하며 거둔 곡식과 과일로 조상들께 차례를 지내고 성묘를 했음. • 송편과 토란국 등의 음식을 만들어 먹었음. • 강강술래, 달맞이, 씨름 등의 놀이를 즐겼음.
상달	• 음력 10월로, 농사일이 끝나고 먹을거리가 많아 '가장 좋은 달'이라는 뜻임. • 겨울을 대비해 김장을 하고 메주를 띄웠음.
동지	• 양력 12월 22일경으로, 일 년 중 밤이 가장 긴 날로 한 해를 마무리하고 새해를 맞이하는 명절임. • 나쁜 기운을 쫓는 의미로 팥죽을 만들어 먹었음.

+ 다양한 세시 풍속

삼짇날	• 음력 3월 3일로, 새봄을 알리는 날임. • 꽃놀이를 하고 진달래꽃으로 전을 만들어 먹었음.
백중	• 음력 7월 15일로, 농사일이 끝나가는 시기임. • 백중에 일꾼들은 일을 하지 않고 마음껏 먹고 놀았음.

+ 정월 대보름에 달집태우기와 쥐불놀이를 한 까닭

▲ 달집태우기

▲ 쥐불놀이

달집태우기와 쥐불놀이를 하면서 들판의 잔디와 잡초를 태워 해충을 줄일 수 있었습니다.

용어 사전

- **세시** 매년 같은 날이 반복되는 날.
- **풍속** 옛날부터 전해 내려오는 생활 습관.
- **덕담** 상대방이 잘되기를 빌어주는 말.
- **음력** 달의 모양 변화를 기준으로 하여 한 달의 날짜를 세는 방법.
- **성묘** 조상의 산소를 찾아가 돌봄.
- **부럼** 정월 대보름날 이른 아침에 한 해의 건강을 비는 뜻에서 먹는 호두, 땅콩 등의 딱딱한 열매.
- **창포물** 5월 단오에 머리를 감는 데 쓰던 것으로, 창포의 잎과 뿌리를 우려낸 물.

자료 1 설날의 세시 풍속

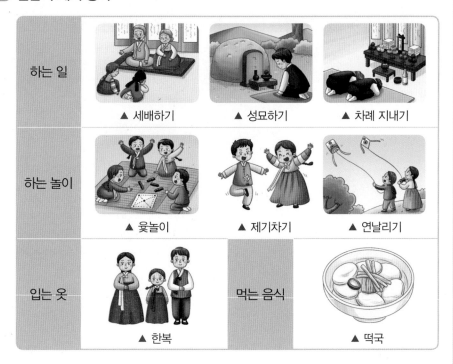

하는 일	▲ 세배하기	▲ 성묘하기	▲ 차례 지내기
하는 놀이	▲ 윷놀이	▲ 제기차기	▲ 연날리기
입는 옷	▲ 한복	먹는 음식	▲ 떡국

▶ 설날은 옛날부터 오늘날까지 이어져 오는 우리나라 최대의 명절입니다.

자료 2 세시 풍속에 따라 먹는 음식

정월 대보름	삼복	추석	동지
오곡밥과 부럼	닭백숙	송편과 토란국	팥죽

▶ 조상들은 계절에 맞는 세시 풍속을 즐기고, 음식을 먹었습니다.

자료 3 옛날에 세시 풍속을 즐기던 모습

▲ 한식   ▲ 단오

▲ 추석   ▲ 동지

◦ 수리취떡

단오에 먹는 음식인 수리취떡은 산에서 자라는 풀인 수리취를 넣어 만든 수레바퀴 모양의 떡입니다.

◦ 삼복을 즐기는 모습

삼복에는 더위를 피해 놀러 가고 영양이 풍부한 음식을 먹었습니다.

◦ 달력을 읽는 방법

1 달력의 '연도'와 '월'을 확인합니다.
2 내가 찾는 날짜의 '요일'을 확인합니다.
3 달력에 작게 쓰여 있는 날짜는 조상들이 사용했던 음력입니다.

기본 개념 **문제**

1

(   )은/는 설날, 추석, 정월 대보름, 동지 등 옛날부터 해마다 즐기거나 기념하는 날을 말합니다.

2

조상들의 세시 풍속은 농사와 관련된 것이 많습니다.

(○ , ×)

3

(단오 , 한식)에는 여름을 시원하게 지내라고 부채를 선물했습니다.

4

추석에는 영양이 풍부한 닭백숙, 육개장 등을 먹었습니다.

(○ , ×)

5

(   )은/는 일 년 중 밤이 가장 긴 날로, 한 해를 마무리하고 새해를 맞이하는 명절입니다.

6 ➕ 11종 공통

다음 (   ) 안에 들어갈 알맞은 말을 쓰시오.

명절날에 하는 일과 놀이, 먹는 음식, 입는 옷과 같이 일정한 날이나 계절에 반복하는 우리 고유의 풍속을 (   )(이)라고 합니다.

(   )

7 ➕ 11종 공통

다음 중 세시 풍속에 포함되지 <u>않는</u> 것은 어느 것입니까? (   )

① 명절날에 입는 옷
② 명절날에 하는 일
③ 명절날에 먹는 음식
④ 명절날에 받는 용돈
⑤ 명절날에 하는 놀이

8 ➕ 11종 공통

우리나라의 명절에 해당하지 <u>않는</u> 것은 어느 것입니까? (   )

① 설날   ② 추석
③ 한식   ④ 어린이날
⑤ 정월 대보름

[9-10] 다음 글을 읽고, 물음에 답하시오.

> 지난 설날, 정우는 오랜만에 친척들을 만나 즐거운 시간을 보냈습니다. 가족들이 정성스럽게 준비한 음식으로 차례를 지냈습니다.

9 ⊕ 11종 공통

윗글의 밑줄 친 '설날'과 같이 옛날부터 해마다 즐기거나 기념하는 날을 무엇이라고 하는지 쓰시오.

(　　　　　　　　　　)

10 ⊕ 11종 공통

윗글의 밑줄 친 날에 하는 놀이로 알맞지 <u>않은</u> 것은 어느 것입니까? (　　　)

①
▲ 달집태우기

②
▲ 연날리기

③
▲ 윷놀이

④
▲ 제기차기

11 ⊕ 11종 공통

우리나라 세시 풍속의 특징이 <u>아닌</u> 것은 어느 것입니까? (　　　)

① 건강과 복을 빌었다.
② 농사와 관련된 것이 많다.
③ 가면을 쓰고 축제를 즐겼다.
④ 계절에 맞는 음식을 먹었다.
⑤ 친척들이 만나 덕담을 주고받았다.

[12-13] 다음 글을 읽고, 물음에 답하시오.

> (　㉠　)은/는 음력 1월 15일로, 새해의 첫 보름달이 뜨는 날입니다. 이날에는 (　㉡　)을/를 하면서 나쁜 기운을 쫓아내고, 농사가 잘되기를 빌었습니다.

12 ⊕ 11종 공통

윗글의 ㉠에 들어갈 알맞은 명절을 쓰시오.

(　　　　　　　　　　)

13 서술형 ⊕ 11종 공통

윗글의 ㉡에 들어갈 알맞은 세시 풍속을 두 가지 쓰시오.

_____

_____

14 비상교과서, 아이스크림 외

옛날에 다음과 같은 세시 풍속을 즐겼던 명절을 쓰시오.

> • 불을 사용하지 않고 찬 음식을 먹는 풍속이 있었습니다.
> • 한 해 농사가 잘되기를 기원하며 조상들의 산소에 성묘를 했습니다.

(　　　　　　　　　　)

2
단원

15 아이스크림, 천재교육 외

옛날에 한식이 되면 조상들의 산소에 성묘를 했던 까닭은 무엇입니까? (   )

① 새해 소원을 빌기 위해서
② 한 해를 잘 마무리하기 위해서
③ 겨울을 따뜻하게 지내기 위해서
④ 여름을 시원하게 지내기 위해서
⑤ 한 해 농사의 풍년을 빌기 위해서

16 ➕ 11종 공통

다음과 같은 세시 풍속이 있었던 명절은 무엇입니까? (   )

• 수리취떡을 먹었습니다.
• 창포물에 머리를 감았습니다.
• 여름을 시원하게 지내라고 부채를 선물했습니다.

① 단오   ② 동지   ③ 백중
④ 추석   ⑤ 한식

17 ➕ 11종 공통

다음 중 음력 5월 5일 단오에 즐겼던 놀이로 알맞은 것은 어느 것입니까? (   )

①
▲ 쥐불놀이

②
▲ 그네뛰기

③
▲ 제기차기

④
▲ 연날리기

18 서술형 ➕ 11종 공통

단오에 우리 조상들이 했던 다음 세시 풍속에 담긴 의미를 쓰시오.

▲ 창포물에 머리 감기

_____

_____

19 ➕ 11종 공통

삼복에 더위를 이겨 내려고 먹었던 음식을 보기 에서 모두 골라 기호를 쓰시오.

보기

㉠ ▲ 닭백숙   ㉡ ▲ 수리취떡
㉢ ▲ 육개장   ㉣ ▲ 토란국

(   )

20 ✚ 11종 공통

다음 (　　) 안에 들어갈 알맞은 날을 두 가지 고르시오. (　，　)

우리 조상들은 날씨가 무더워지는 시기인 (　　　)에도 다양한 세시 풍속을 즐기며 건강하게 생활했습니다.

① 단오 　　　② 동지 　　　③ 삼복
④ 설날 　　　⑤ 추석

20 ✚ 11종 공통

다음 중 옛날에 삼복을 즐기던 모습으로 알맞은 것은 어느 것입니까? (　　　)

▲ 성묘하기

▲ 계곡에 놀러 가기

▲ 차례 지내기

▲ 팥죽 먹기

22 아이스크림, 천재교육 외

다음과 같이 우리 조상들이 추석에 풍년을 기원하며 보름달 아래에서 했던 놀이는 무엇인지 쓰시오.

(　　　　　　　)

23 비상교과서, 아이스크림 외

추석에 대한 설명으로 알맞은 것에는 ○표, 알맞지 않은 것에는 ×표 하시오.

⑴ 음력 8월 15일로, '한가위'라고도 불립니다.
(　　　)

⑵ 진달래꽃으로 전을 만들어 먹었습니다.
(　　　)

⑶ 송편과 토란국 등의 음식을 만들어 먹었습니다.
(　　　)

⑷ 윷놀이, 제기차기, 연날리기, 널뛰기 등의 놀이를 즐겼습니다.
(　　　)

24 아이스크림, 천재교육 외

다음 중 일 년 중에 밤이 가장 긴 날은 언제입니까?
(　　　)

① 동지 　　　② 말복
③ 상달 　　　④ 삼짇날
⑤ 정월 대보름

25 서술형 비상교과서, 천재교육 외

옛날 사람들이 동지에 나쁜 기운을 쫓는다는 의미로 즐겼던 세시 풍속을 쓰시오.

_____

_____

2 옛날과 오늘날의 세시 풍속 (2)

1 옛날과 오늘날의 세시 풍속 비교하기 [자료1]

① 옛날과 오늘날의 세시 풍속 예 추석

옛날	오늘날
• 친척들과 차례를 지내고, 조상들께 성묘를 했음. • 마을 사람들과 소먹이놀이와 농악, 강강술래, 줄다리기 등을 즐겼음. • 산에 올라 달을 보고 소원을 빌었음.	• 멀리 사는 가족이 한자리에 모임. • 친척들과 차례를 지내고 조상들께 성묘를 함. • 민속 마을에 가서 전통 놀이를 체험함. • 보름달을 보고 소원을 빎.

② 옛날과 오늘날 세시 풍속의 공통점과 차이점

공통점	• 가족의 건강과 복을 바라는 마음으로 세시 풍속을 즐김. • 설날에 차례를 지내고 세배하는 풍속이 있음.
차이점	• 옛날에는 주로 농사와 관련된 세시 풍속을 즐겼고, 오늘날에는 농사와 관련된 세시 풍속이 많이 사라짐. [자료2] • 오늘날에는 일정한 날이나 계절에 상관없이 재미로 놀이를 즐기고 음식을 먹음. ⊞ ┌옛날에는 일정한 계절이나 날에 알맞은 놀이를 즐기고 음식을 먹었어요.

③ 오늘날까지 이어지고 있는 세시 풍속 ┌오늘날에는 설날, 추석과 같은 큰 명절을 중심으로 세시 풍속이 이어져 오고 있어요.

- 설날에 웃어른께 세배를 드리고 떡국을 먹습니다.
- 가족이나 마을 사람들이 모여 윷놀이, 줄다리기 등의 놀이를 합니다.
- 추석에 조상들께 차례를 지내고 송편과 햇과일을 먹습니다.
- 겨울 동안 먹을 김치를 한꺼번에 담그는 김장을 합니다.

2 세시 풍속 체험해 보기

① 윷놀이 [자료3]

- 조상들은 설날부터 정월 대보름 사이에 윷놀이를 즐겼습니다.
- 윷놀이에는 풍년을 바라는 마음이 담겨 있으며 윷놀이를 통해 운세를 점치기도 했습니다.
- 장소에 크게 영향을 받지 않고 누구나 즐길 수 있습니다.

② 복조리 → 설날에 조리를 일찍 살수록 좋은 일이 많이 생긴다고 믿었어요.

- 설날에 복조리를 집 벽에 걸어 두는 풍속이 있었습니다.
- 조리가 깨끗한 쌀을 골라내는 것처럼 복조리로 행복을 골라내고자 하는 바람으로 벽에 복조리를 걸었습니다.
- 복조리 속에 돈이나 엿을 넣어 두면 더 많은 복을 받을 수 있다고 생각했습니다.

③ 제기차기: 옛날에 겨울철, 주로 설날에 어린이들이 즐기던 놀이입니다. ⊞

⊞ 계절에 따른 옛날의 세시 풍속

봄	조상의 산소를 찾아가 성묘하고, 농사일을 시작하였음.
여름	잠시 바쁜 농사일을 쉬며 무더위를 피하고, 영양이 풍부한 음식을 먹었음.
가을	곡식과 과일을 거두고, 수확의 기쁨을 나누었음.
겨울	새해에 한 해의 풍년을 기원하였음.

⊞ 제기차기

제기차기는 제기를 발로 차며 노는 놀이입니다.

용어 사전

- **햇과일** 그해에 새로 난 과일.
- **운세** 운명이나 운수가 닥쳐오는 기세.
- **점치다** (앞날이 잘되고 못됨을) 미리 점으로 알아보다.
- **조리** 물에 담근 곡식에서 돌 같은 불순물을 걷어 내는 데 쓰는 부엌 도구.

자료 1 옛날과 오늘날의 세시 풍속 모습 예 추석

옛날	오늘날

▶ 오늘날에는 생활 모습이 달라져 농사와 관련된 세시 풍속이 많이 사라졌습니다.

옛날부터 전해 내려오는 세시 풍속이 달라진 까닭

- 오늘날에는 교통과 통신, 과학의 발달로 옛날보다 직업이 다양해졌기 때문입니다.
- 오늘날에는 옛날보다 농사를 짓는 사람이 줄었기 때문입니다.
- 오늘날에는 많은 사람이 회사나 공장 등에서 일하여 계절과 날씨의 영향을 적게 받기 때문입니다.
- 계절별로 하던 세시 풍속을 오늘날에는 언제든지 할 수 있기 때문입니다.

2 단원

자료 2 농사와 관련된 다양한 세시 풍속

볏가릿대 세우기	달집태우기	소먹이놀이
정월 대보름에 곡식을 막대기에 매달아 볏가릿대를 세우고 풍년을 바랐음.	정월 대보름에 달집이 타는 모습이나 쓰러지는 방향을 보고 한 해의 농사를 점쳤음.	추석에 주로 놀이를 즐겼으며, 복이 오고 농사가 잘되기를 바랐음.

자료 3 윷놀이하는 방법 → 준비물: 윷, 윷판, 윷말

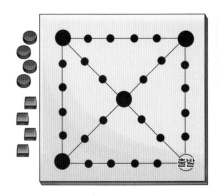

도(한 칸 이동)

개(두 칸 이동)

걸(세 칸 이동)

윷(네 칸 이동)

모(다섯 칸 이동)

출발

1 두 편으로 나누고, 각 편마다 윷말을 네 개씩 나누어 갖습니다.

2 윷을 던져 나온 결과에 따라 윷말을 옮깁니다.

3 윷 또는 모가 나오거나, 상대편 윷말을 잡으면 한 번 더 던집니다.

4 네 개의 윷말이 먼저 출발 칸으로 들어온 편이 이깁니다.

2 옛날과 오늘날의 세시 풍속 (2)

기본 개념 문제

1
옛날에 (설날 , 추석)에는 마을 사람들과 소먹이놀이와 농악, 강강술래, 줄다리기 등을 즐겼습니다.

2
오늘날에는 일정한 날이나 계절에 상관없이 재미로 놀이를 즐기고 음식을 먹습니다.
(○ , ×)

3
(   )에는 웃어른께 세배를 드리고 떡국을 먹습니다.

4
(윷놀이 , 제기차기)에는 풍년을 바라는 마음이 담겨 있으며 운세를 점치기도 했습니다.

5
설날에 집 벽에 (   )을/를 걸어 두는 풍속이 있었습니다.

6 미래엔, 천재교육 외

옛날 추석의 세시 풍속으로 알맞은 것을 보기 에서 모두 골라 기호를 쓰시오.

> **보기**
> ㉠ 복조리를 걸어 두었다.
> ㉡ 밤에 신발을 방 안에 두었다.
> ㉢ 산에 올라 달을 보고 소원을 빌었다.
> ㉣ 마을 사람들과 소먹이놀이와 농악 등을 즐겼다.

(   )

7 비상교과서, 아이스크림 외

다음 중 오늘날 추석에 볼 수 있는 모습이 <u>아닌</u> 것은 어느 것입니까? (   )

①    ②

③    ④

8 미래엔, 천재교육 외

다음과 같이 추석에 풍년을 기원하며 했던 놀이는 무엇인지 쓰시오.

(   )

9 ● 11종 공통

다음 중 추석의 세시 풍속과 관련이 <u>없는</u> 것은 어느 것입니까? (   )

① 농악
② 떡국
③ 성묘
④ 차례
⑤ 줄다리기

10 ● 11종 공통

오늘날 추석의 세시 풍속이 <u>아닌</u> 것은 어느 것입니까? (   )

① 차례를 지낸다.
② 조상들께 성묘를 한다.
③ 보름달을 보고 소원을 빈다.
④ 윷놀이를 하면서 운세를 점친다.
⑤ 멀리 사는 가족이 한자리에 모인다.

11 서술형 ● 11종 공통

옛날과 오늘날 세시 풍속의 공통점을 한 가지만 쓰시오.

_____

_____

12 ● 11종 공통

다음 (   ) 안에 공통으로 들어갈 말을 쓰시오.

> 우리 조상들은 주로 (   )을/를 짓고 살았습니다. 이에 따라 주로 (   )와/과 관련된 세시 풍속을 즐겼습니다.

(   )

13 ● 11종 공통

옛날과 오늘날 세시 풍속의 차이점에 대한 설명으로 옳은 것은 어느 것입니까? (   )

① 차례를 지내는 풍속은 오늘날에만 있다.
② 옛날에만 복을 바라는 세시 풍속이 있었다.
③ 옛날에는 민속 마을에 가서 전통 놀이 체험을 했었다.
④ 오늘날에만 나쁜 기운을 몰아내기 위한 세시 풍속이 있다.
⑤ 옛날에는 오늘날보다 더 다양하고 많은 세시 풍속이 있었다.

14 서술형 ● 11종 공통

오늘날 농사와 관련된 세시 풍속이 많이 사라진 까닭을 쓰시오.

_____

_____

[15-16] 다음은 농사와 관련된 세시 풍속이 나타난 사진입니다. 물음에 답하시오.

㉠

㉡

㉢

㉣

15 미래엔, 천재교육 외

위 ㉠~㉣ 중 정월 대보름에 볼 수 있었던 세시 풍속을 모두 골라 기호를 쓰시오.

(   )

16 미래엔, 천재교육 외

위 ㉠~㉣ 중 다음에서 설명하는 세시 풍속의 모습을 골라 기호를 쓰시오.

> 추석에 주로 즐기던 놀이로, 두 사람 위에 멍석을 덮어 소처럼 꾸미고 놀이를 즐기며, 복이 오고 농사가 잘되기를 바랐습니다.

(   )

17 미래엔, 천재교육 외

다음 그림을 보고 알 수 있는 사실을 두 가지 고르시오. (,   )

▲ 옛날 추석의 모습

① 오늘날보다 직업이 다양했다.
② 농사는 계절의 영향을 받지 않았다.
③ 농사를 짓는 사람들이 거의 없었다.
④ 우리 조상들은 주로 농사를 짓고 살았다.
⑤ 우리 조상들은 주로 농사와 관련된 세시 풍속을 즐겼다.

18 ➕ 11종 공통

오늘날까지 이어지고 있는 세시 풍속에 대한 설명으로 옳지 않은 것은 어느 것입니까? (   )

① 추석에 차례를 지낸다.
② 설날에 웃어른께 세배를 드린다.
③ 추석에 송편과 햇과일을 먹는다.
④ 겨울 동안 먹을 김치를 한꺼번에 김장한다.
⑤ 농사와 관련된 세시 풍속을 즐기지 않는다.

19 ➕ 11종 공통

다음 그림에서 친구들이 즐기고 있는 세시 풍속은 무엇인지 쓰시오.

(   )

20 동아출판, 아이스크림 외

윷놀이를 할 때 한 번에 윷말을 가장 많이 움직일 수 있는 경우는 무엇입니까? (   )

①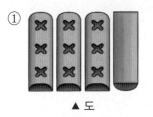
▲ 도

②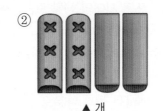
▲ 개

③
▲ 윷

④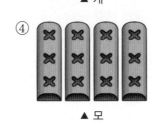
▲ 모

21 아이스크림, 천재교육 외

윷놀이에 대한 설명으로 옳지 <u>않은</u> 것은 어느 것입니까? (   )

① 주로 한식에 즐기던 놀이이다.
② 남녀노소 누구나 즐길 수 있다.
③ 장소에 크게 영향을 받지 않는다.
④ 윷을 던져 나온 결과에 따라 윷말을 옮긴다.
⑤ 옛날에는 윷놀이를 하면서 운세를 점치기도 했다.

22 아이스크림, 천재교육 외

윷놀이 규칙에 대한 설명으로 알맞은 것을 골라 ○표 하시오.

(1) 네 개의 윷말이 먼저 출발 칸으로 들어온 편이 이깁니다.

(   )

(2) 상대편의 윷말을 잡으면 한 번, 윷이 나오면 두 번, 모가 나오면 세 번 더 윷을 던질 수 있습니다.

(   )

[23-24] 다음 친구들의 대화를 보고, 물음에 답하시오.

설날에 (   )을/를 집 벽에 걸어 두는 풍속이 있었어.

맞아. (   ) 속에 돈이나 엿을 넣어 두면 더 많은 복을 받을 수 있다고 믿었대.

23 김영사, 아이스크림 외

위 (   ) 안에 공통으로 들어갈 말을 쓰시오.

(   )

24 서술형 김영사, 아이스크림 외

위 **23**번의 답의 물건을 설날에 집 벽에 걸어 둔 까닭은 무엇인지 쓰시오.

_____

_____

25 아이스크림, 천재교서 외

오른쪽과 같이 옛날에 겨울철, 주로 설날에 어린이들이 즐기던 놀이는 무엇인지 쓰시오.

(   )

★ 음식을 요리할 때 사용하는 도구의 발달

토기 → 시루 →

가마솥 → 전기밥솥

도구가 발달하면서 빠르고 편리하게 다양한 음식을 만들 수 있게 되었습니다.

1. 옛날 사람들의 생활 모습

① **돌을 깨뜨려 도구를 만들어 쓰던 시대의 생활 모습**: 동물 가죽으로 옷을 만들었고, 열매를 따거나 동물을 사냥해 먹을거리를 얻었습니다.

② **돌을 갈아서 도구를 만들어 쓰던 시대의 생활 모습**: 돌을 갈아서 만든 도구로 낚시를 하고 농사를 짓기 시작했습니다.

③ [❶]으로 만든 도구를 사용한 시대의 생활 모습

• 청동은 무기나 제사를 지내는 도구를 만드는 데 주로 사용했습니다.

• 농사를 지을 때나 일상생활에서는 돌과 나무로 만든 도구를 사용했습니다.

④ **철로 만든 도구를 사용한 시대의 생활 모습**

• 청동보다 단단한 철로 생활 도구와 무기를 만들어 사용했습니다.

• 철로 만든 도구를 사용하면서 농업이 발달하고, 전쟁이 활발해졌습니다.

2. 농사 도구의 변화로 달라진 사람들의 생활 모습

① **돌로 만든 농사 도구**: 돌을 나무에 연결하거나 날카롭게 갈아서 농사 도구로 사용했습니다.

② **철로 만든 농사 도구**: 철로 만든 단단하고 날카로운 도구 덕분에 한 사람이 갈 수 있는 논밭의 넓이와 수확하는 곡식의 양이 늘어났습니다.

③ [❷]를 이용한 농사 도구: 도구를 직접 사용하는 것보다 힘을 덜 들이고 농사를 지을 수 있게 되었습니다.

④ **오늘날의 농기계**: 농기계를 사용하여 훨씬 편리하게 농사를 지을 수 있습니다.

3. 음식을 만드는 도구의 변화

① **재료를 가는 도구의 발달**: 갈돌, 갈판 → 맷돌 → 믹서

② **음식을 요리할 때 사용하는 도구의 발달**: 토기 → 시루 → 가마솥 → 전기밥솥

4. 옷을 만드는 도구의 변화

① **옷감이나 실을 만드는 도구의 발달**: [❸] → 물레, 베틀 → 방직기

② **옷감을 꿰매는 도구의 발달**: 뼈바늘 → 쇠바늘 → 재봉틀

5. 사람들이 사는 집의 모습 변화

★ 여러 가지 집의 모습

▲ 움집

▲ 초가집

▲ 기와집

동굴, 바위 그늘	동굴이나 바위 그늘에서 추위와 더위를 피하고 사나운 짐승의 공격으로부터 몸을 보호했음.
움집	땅을 파서 기둥을 세우고 지붕을 덮어 집을 만들었음.
[❹]	볏짚을 엮어 지붕을 만들고, 나무와 흙으로 벽을 만들었음.
기와집	흙을 구워 만든 기와로 지붕을 덮은 집을 만들었음.
주택, 아파트	오늘날에는 주로 철근과 콘크리트로 만든 주택, 아파트 등에서 생활함.

1. 세시 풍속

① **⑤[　　]의 뜻**: 일정한 날이나 계절에 반복하는 우리 고유의 풍속을 말합니다.

② **명절의 뜻**: 설날, 추석, 정월 대보름, 동지 등 옛날부터 해마다 즐기거나 기념하는 날을 말합니다.

2. 옛날의 세시 풍속

① 우리나라 세시 풍속의 특징

- 조상들의 세시 풍속은 농사와 관련된 것이 많습니다.
- 조상들은 계절과 날씨에 따라 알맞은 세시 풍속을 즐겼습니다.

② 옛날의 세시 풍속 알아보기

설날	조상들께 차례를 지내고, 웃어른께 세배를 드렸음.
⑥[　　]	오곡밥을 먹고, 부럼을 깨 먹으며, 달집태우기와 쥐불놀이를 함.
한식	밭에 씨를 뿌리는 시기이며, 조상의 산소를 찾아가 풍년을 빌며 성묘를 했음.
단오	• 수리취떡을 먹고, 여름을 시원하게 지내라고 부채를 선물했음. • 나쁜 기운을 쫓기 위해 창포물에 머리를 감았음.
추석	조상들께 차례를 지내고 성묘를 하며, 송편과 토란국 등의 음식을 만들어 먹었음.
동지	일 년 중 밤이 가장 긴 날로, 나쁜 기운을 쫓는 의미로 팥죽을 만들어 먹었음.

3. 옛날과 오늘날의 세시 풍속 비교하기

공통점	• 가족의 건강과 복을 바라는 마음으로 세시 풍속을 즐김. • 설날에 **⑦[　　]**를 지내고 세배하는 풍속이 있음.
차이점	• 옛날에는 주로 농사와 관련된 세시 풍속을 즐겼고, 오늘날에는 농사와 관련된 세시 풍속이 많이 사라짐. • 오늘날에는 일정한 날이나 계절에 상관없이 재미로 놀이를 즐기고 음식을 먹음.

4. 세시 풍속 체험해 보기

① 윷놀이

- 조상들은 설날부터 정월 대보름 사이에 윷놀이를 즐겼습니다.
- 윷놀이에는 풍년을 바라는 마음이 담겨 있으며 운세를 점치기도 했습니다.

② 복조리

- 설날에 집 벽에 복조리를 걸어 두는 풍속이 있었습니다.
- 조리가 깨끗한 쌀을 골라내는 것처럼 복조리로 행복을 골라내고자 하는 바람으로 벽에 복조리를 걸었습니다.

③ **⑧[　　]**: 옛날에 겨울철, 주로 설날에 어린이들이 즐기던 놀이입니다.

2단원

★ **세시 풍속에 따라 먹는 음식**

정월 대보름

오곡밥과 부럼

삼복

닭백숙

추석

송편과 토란국

조상들은 계절에 맞는 세시 풍속을 즐기고, 음식을 먹었습니다.

★ **농사와 관련된 다양한 세시 풍속**

▲ 볏가릿대 세우기

▲ 달집태우기

1 비상교과서, 천재교육 외

옛날 사람들이 음식을 보관하거나 조리할 때 사용한
도구를 보기 에서 골라 기호를 쓰시오.

보기

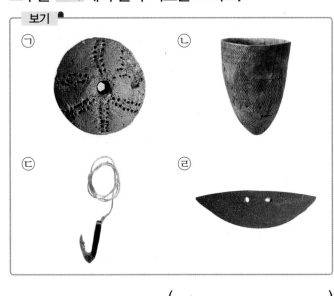

㉠ ㉡

㉢ ㉣

(   )

2 미래엔, 천재교육 외

다음과 같은 도구의 쓰임새로 알맞은 것은 어느 것입
니까? (   )

▲ 비파형 동검

① 땅을 갈 때 사용했다.
② 곡식을 담는 그릇이다.
③ 불을 피울 때 사용했다.
④ 동물을 사냥하는 도구이다.
⑤ 제사를 지낼 때 사용하는 도구이다.

3 ➕ 11종 공통

다음 그림을 보고 곡식을 수확하는 도구의 발달 과정
에 맞게 순서대로 기호를 쓰시오.

㉠ ▲ 철로 만든 낫 ㉡ ▲ 반달 돌칼

㉢ ▲ 콤바인 ㉣ ▲ 탈곡기

(   ) → (   ) → (   ) → (   )

4 서술형 ➕ 11종 공통

다음 두 도구의 공통적인 쓰임새가 무엇인지 쓰시오.

▲ 갈돌, 갈판 ▲ 맷돌

_____

_____

5 ➕ 11종 공통

옷을 만드는 도구가 발달하면서 달라진 생활 모습으로 알맞지 **않은** 것은 어느 것입니까? (   )

① 옷의 종류가 줄어들었다.
② 빠르게 바느질을 할 수 있다.
③ 옷을 쉽고 빠르게 만들 수 있다.
④ 다양한 종류의 옷을 만들 수 있다.
⑤ 빠르고 정확하게 옷감을 꿰맬 수 있다.

6 ➕ 11종 공통

옛날에 먹을 것을 찾아 옮겨 다녔던 사람들이 살았던 집의 모습을 알맞게 설명한 친구는 누구입니까?

(   )

① 움집을 짓고 살았어.

② 동굴이나 바위 그늘에 살았어.

③ 기와로 지붕을 덮은 기와집에 살았어.

④ 볏짚을 엮어 지붕을 덮은 초가집에 살았어.

7 ➕ 11종 공통

오늘날 아파트에 사는 사람들의 생활 모습을 보기 에서 모두 골라 기호를 쓰시오.

보기
㉠ 화장실이 집 안에 있다.
㉡ 주방이 집 밖에 따로 있다.
㉢ 집 가운데에 불을 피워 음식을 만든다.
㉣ 거실에서 이야기를 나누며 시간을 함께 보낸다.

(   )

8 ➕ 11종 공통

다음 (   ) 안에 공통으로 들어갈 말을 쓰시오.

(   )은/는 해마다 즐기거나 기념하는 날을 말하며, 설날과 추석은 우리나라의 대표적인 (   )입니다.

(   )

9 서술형 아이스크림, 천재교육 외

다음 그림에 나타난 옛날 사람들이 세시 풍속을 즐기는 모습을 보고 알 수 있는 우리나라 세시 풍속의 특징을 쓰시오.

_____

_____

10 ➕ 11종 공통

다음과 같이 정월 대보름에 나쁜 기운을 쫓기 위해서 보름달 아래에서 했던 놀이는 무엇인지 쓰시오.

(   )

11 ⊕ 11종 공통

삼복에 더위를 이겨 내려고 먹었던 음식을 두 가지
고르시오. (,   )

①
▲ 닭백숙

②
▲ 송편

③
▲ 부럼

④
▲ 육개장

12 ⊕ 11종 공통

옛날에 동지의 세시 풍속을 즐기던 모습으로 알맞은
것은 어느 것입니까? (   )

①
▲ 송편 만들기

②
▲ 창포물에 머리 감기

③
▲ 팥죽 먹기

④
▲ 강강술래 하기

13 서술형 ⊕ 11종 공통

옛날과 오늘날 설날에 나타나는 세시 풍속의 공통점
을 한 가지만 쓰시오.

_____

_____

14 ⊕ 11종 공통

오늘날 세시 풍속에 대한 설명으로 옳지 <u>않은</u> 것은
어느 것입니까? (   )

① 농사와 관련된 풍속은 많이 사라졌다.
② 옛날보다 세시 풍속이 더 다양해졌다.
③ 옛날에 비해 세시 풍속의 모습이 많이 바뀌었다.
④ 다양한 세시 풍속을 언제든지 체험해 볼 수 있다.
⑤ 큰 명절을 중심으로 세시 풍속이 이어져 오고 있다.

15 아이스크림, 천재교육 외

다음에서 설명하는 세시 풍속은 무엇인지 쓰시오.

조상들이 설날부터 정월
대보름 사이에 즐기던 놀
이로, 장소에 크게 영향을
받지 않고 누구나 즐길 수
있습니다.

(   )

[1-2] 다음 사진을 보고, 물음에 답하시오.

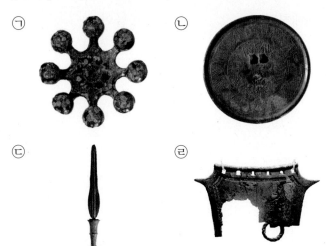

ⓐ

ⓑ

ⓒ

ⓓ

1 ➕ 11종 공통

위와 같은 생활 도구를 만든 재료는 무엇입니까?

( )

① 돌   ② 철   ③ 나무
④ 청동   ⑤ 동물의 뼈

2 ➕ 11종 공통

㉠~㉣ 중 농사짓는 모습이 새겨진 도구를 골라 기호를 쓰시오.

( )

3 서술형 ➕ 11종 공통

다음과 같이 농사 도구가 발달하면서 달라진 사람들의 생활 모습을 한 가지만 쓰시오.

▲ 반달 돌칼   →   ▲ 철로 만든 낫

_____

_____

4 ➕ 11종 공통

다음 ㉠~㉣을 요리할 때 사용하는 도구의 발달 과정에 맞게 순서대로 기호를 쓰시오.

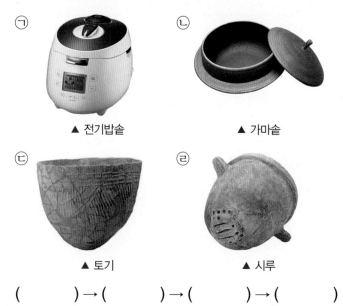

㉠

▲ 전기밥솥

㉡

▲ 가마솥

㉢

▲ 토기

㉣

▲ 시루

( ) → ( ) → ( ) → ( )

5 ➕ 11종 공통

옷감이나 실을 만드는 도구가 발달하면서 달라진 오늘날 사람들의 생활 모습을 두 가지 고르시오.

(,)

① 풀잎을 엮어 옷으로 입는다.
② 옷을 쉽고 빠르게 만들 수 있다.
③ 다양한 종류의 옷을 입을 수 있다.
④ 옷을 입는 데 시간이 오래 걸린다.
⑤ 남자와 여자가 입는 옷의 모양이 같아졌다.

6 ➕ 11종 공통

다음에서 설명하는 집의 모습으로 알맞은 것은 어느 것입니까? ( )

> • 농사를 짓기 시작하면서 짓고 살았던 집입니다.
> • 땅을 파서 기둥을 세우고 풀, 갈대, 짚 등으로 지붕을 덮어 만들었습니다.
> • 하나의 방에서 도구를 손질하고 음식을 만들어 먹었습니다.

①  ②

③  ④

7 서술형 ➕ 11종 공통

㉠과 비교하여 ㉡의 좋은 점을 한 가지만 쓰시오.

㉠  ㉡

_____

_____

8 ➕ 11종 공통

정월 대보름에 즐겼던 세시 풍속이 아닌 것은 어느 것입니까? ( )

① 세배하기 ② 쥐불놀이
③ 달집태우기 ④ 오곡밥 먹기
⑤ 부럼 깨물기

9 비상교과서, 천재교육 외

다음 ( ) 안에 들어갈 알맞은 말에 ○표 하시오.

⑴ (삼복 , 한식)에는 불을 사용하지 않고 차가운 음식을 먹는 풍속이 있습니다.

⑵ 한식이 되면 조상의 산소를 찾아가 풍년을 빌며 (성묘 , 쥐불놀이)를 했습니다.

10 ➕ 11종 공통

다음과 같은 세시 풍속이 있었던 명절은 무엇인지 쓰시오.

> • 수리취떡을 먹었습니다.
> • 그네뛰기와 씨름 등의 놀이를 즐겼습니다.
> • 여름을 시원하게 지내라고 부채를 선물했습니다.
> • 나쁜 기운을 쫓는다는 의미로 창포물에 머리를 감았습니다.

( )

11 서술형 ⊕ 11종 공통

옛날 우리 조상들이 동지에 다음 그림과 같은 세시 풍속을 즐겼던 까닭은 무엇인지 쓰시오.

▲ 팥죽 먹기

_____

_____

13 ⊕ 11종 공통

옛날부터 전해 내려오는 세시 풍속이 달라진 까닭으로 알맞지 <u>않은</u> 것은 어느 것입니까? (   )

① 직업이 다양해져서
② 농사짓는 사람이 많아져서
③ 교통과 통신, 과학이 발달해서
④ 사람들이 주로 회사나 공장에서 일해서
⑤ 일할 때 날씨와 계절의 영향을 적게 받아서

14 비상교과서, 비상교육 외

다음 사진과 같이 도, 개, 걸, 윷, 모의 결과에 따라 윷말을 옮기는 놀이는 무엇인지 쓰시오.

(   )

12 미래엔, 천재교육 외

다음 중 옛날 사람들이 추석에 마을 사람들과 했던 놀이는 무엇입니까? (   )

①
▲ 제기차기

②
▲ 달집태우기

③
▲ 강강술래

④
▲ 연날리기

15 아이스크림 외

다음 (   ) 안에 공통으로 들어갈 말을 쓰시오.

• 설날에 집 벽에 (   ) 을/를 걸어 두는 풍속이 있었습니다.
• (   ) 속에 돈이나 엿을 넣어 두면 더 많은 복을 받을 수 있다고 생각했습니다.

(   )

2. 시대마다 다른 삶의 모습

● 정답과 풀이 13쪽

평가 주제	농사 도구의 발달과 옛날 사람들의 생활 모습의 변화 설명하기
평가 목표	농사 도구의 발달에 따른 옛날 사람들의 생활 모습 변화를 서술할 수 있다.

[1-3] 다음 농사 도구들을 보고, 물음에 답하시오.

(가) ▲ 돌괭이   (나) ▲ ( )   (다) ▲ 철로 만든 괭이

(라) ▲ 콤바인   (마) ▲ 쟁기   (바) ▲ 트랙터

1 옛날 사람들이 사용했던 위 (나) 도구의 이름은 무엇인지 쓰시오.

( )

> 도움 옛날 사람들은 돌을 갈아서 만든 도구로 농사를 짓기 시작했습니다.

2 위에서 땅을 가는 도구를 모두 찾고, 도구의 발달 과정에 맞게 순서대로 기호를 쓰시오.

( ) → ( ) → ( ) → ( )

> 도움 철로 만든 농사 도구는 돌로 만든 도구 보다 단단하고 날카로웠습니다.

3 농사 도구가 발달하면서 달라진 사람들의 생활 모습을 쓰시오.

_____

_____

> 도움 농사 도구의 발달로 사람들의 생활 모습이 달라졌습니다.

2. 시대마다 다른 삶의 모습

평가 주제	옛날의 세시 풍속과 세시 풍속을 즐기는 모습 설명하기
평가 목표	옛날에 명절과 세시 풍속을 즐기던 모습을 설명할 수 있다.

[1-2] 다음은 우리 조상들이 세시 풍속을 즐기던 모습입니다. 물음에 답하시오.

 ㉠
 ㉡
 ㉢
 ㉣
 ㉤
 ㉥

1 위 ㉠과 ㉡은 각각 어떤 명절의 세시 풍속을 즐기는 모습인지 쓰시오.

㉠ (   )
㉡ (   )

도움 세시 풍속은 일정한 날이나 계절에 반복하는 우리 고유의 풍속을 말합니다.

2 위 ㉠~㉥에 나타난 세시 풍속의 모습을 보고 (   ) 안에 들어갈 알맞은 말을 쓰시오.

도움 우리 조상들은 계절과 날씨에 따라 알맞은 세시 풍속을 즐겼습니다.

정월 대보름	나쁜 기운을 쫓기 위해 (㉮)와/과 달집태우기를 했습니다.
단오	그네뛰기와 씨름 등의 놀이를 즐기고, (㉯)에 머리를 감았습니다.
삼복	더위를 피해 계곡이나 산으로 놀러 가고, 영양이 풍부한 (㉰), 육개장 등을 먹었습니다.
동지	나쁜 기운을 쫓는 의미로 (㉱)을/를 만들어 먹었습니다.

숨은 그림을 찾아보세요.

● 정답과 풀이 13쪽

3 가족의 모습과 역할 변화

1 가족의 구성과 역할 변화

2 다양한 가족이 살아가는 모습

▶ 단원별 학습 내용과 교과서별 해당 쪽수를 확인해 보세요.

[단원명이 다른 교과서]

1 단원: 지학사(옛날과 오늘날의 가족)

2 단원: 지학사(다양한 형태의 가족이 살아가는 모습)

1 가족의 구성과 역할 변화 (1)

1 가족

① **가족의 의미**: 부부, 형제자매, 조부모 등으로 이루어진 집단을 말합니다.

② **가족이 만들어지는 사례**
- 가족은 결혼, 출생, 입양 등으로 만들어집니다.
- 남자와 여자가 결혼하여 가족이 만들어집니다.
- 아기가 태어나 가족이 늘어납니다.
- 법으로 부모와 자식의 관계를 맺어 가족이 됩니다.

2 옛날과 오늘날의 결혼 풍습 비교하기

① **옛날의 결혼식 모습** 자료 1

1 신부의 집으로 이동하기	신랑은 혼례를 치르기 위해 나무 기러기를 가지고 신부의 집으로 말을 타고 감. ➕
2 혼례 치르기	• 신랑이 나무 기러기를 혼례상에 놓으면 혼례가 시작됨. • 신랑과 신부는 전통 혼례복을 입고 혼례를 치름.
3 신랑의 집으로 이동하기	혼례가 끝나면 신부의 집에서 며칠 동안 머무른 후 신랑과 신부는 함께 신랑의 집으로 감. └ 신랑은 말을 타고, 신부는 가마를 타고 신랑의 집으로 가요.
4 폐백 드리기	신랑의 집에 도착한 신부는 신랑의 집안 어른들께 첫인사로 폐백을 드림. ➕

② **옛날과 오늘날의 결혼식 모습 비교하기**

옛날의 방식을 따라 전통 혼례 방식으로 결혼하는 사람도 있어요.

구분	옛날의 결혼식	오늘날의 결혼식
결혼식 장소	신부의 집	결혼식장, 정원, 공원 등 자료 2
입는 옷	전통 혼례복	신랑은 턱시도, 신부는 웨딩드레스
주고받는 것	나무 기러기	결혼반지
결혼식 후 하는 일	신랑의 집에서 신랑의 부모님께 폐백을 드림.	• 결혼식장에 있는 폐백실에서 폐백을 드림. • 신혼여행을 감.
공통점	• 사람들에게 두 사람이 부부가 된 것을 알림. • 가족과 친척이 모여 신랑과 신부의 행복한 미래를 축복해 줌.	

3 옛날과 오늘날의 가족 형태 비교하기

① **확대 가족과 핵가족의 의미** — 오늘날에는 교육과 취업 등을 이유로 부모님과 따로 떨어져 사는 경우가 많아요.

확대 가족	결혼한 자녀와 부모가 함께 사는 가족
핵가족	결혼하지 않은 자녀와 부모가 함께 사는 가족

② **옛날에 확대 가족이 많았던 까닭**: 옛날에는 주로 농사를 지어 일할 사람이 많이 필요했기 때문에 자녀가 결혼을 해도 부모와 함께 사는 경우가 많았습니다.

③ **오늘날에 핵가족이 많은 까닭**: 오늘날에는 취업이나 교육을 위해 다른 지역으로 이사를 가거나 개인 생활을 중요시하여 독립하는 경우가 늘어났습니다. 자료 3

➕ **나무 기러기**

기러기는 죽을 때까지 사랑을 지키는 새로 알려져 있습니다. 나무 기러기는 신랑과 신부가 오래도록 함께 행복하게 사는 것을 의미합니다.

➕ **폐백에서 대추와 밤**

폐백 때 어른들은 신랑과 신부의 절을 받은 후 신부의 치마에 대추나 밤을 던져 줍니다. 이는 '자식을 많이 낳고 부자가 되라.'라는 의미입니다.

용어 사전

- ● **집단** 동물이나 사람이 많이 모여서 이룬 무리.
- ● **출생** 아이가 세상에 태어나는 것.
- ● **입양** 남의 양자나 양녀가 되어 법적으로 자식의 지위를 얻음.
- ● **풍습** 오래전부터 지켜 내려오는 사회적 풍속이나 관습.
- ● **혼례** 혼인을 하는 예식.
- ● **폐백** 결혼할 때 신부가 시부모와 시댁 친척 어른에게 음식을 바치며 절하는 것.
- ● **취업** 일자리를 얻는 것.
- ● **독립** 가족과 떨어져 개인이 한 집안을 이룸.

자료 1 옛날의 결혼 풍습

1 신부의 집으로 이동하기

2 혼례 치르기

○ **옛날의 가족 형태**

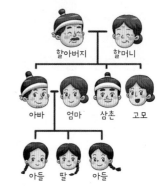

3 신랑의 집으로 이동하기

4 폐백 드리기

옛날에는 할아버지와 할머니, 고모, 삼촌까지 함께 생활하는 경우가 많았습니다.

자료 2 오늘날의 다양한 결혼식 모습

▲ 결혼식장 결혼식　　▲ 야외 결혼식　　▲ 이색 결혼식　　▲ 전통 혼례

▶ 옛날과 달리 결혼식 장소와 방법, 결혼식에서 입는 옷이 다양해졌습니다.

○ **오늘날의 가족 형태**

오늘날에는 확대 가족은 점점 줄어들고 핵가족은 늘어나고 있습니다.

자료 3 오늘날 핵가족이 늘어난 까닭

도시에 직장을 구하게 되어 부모님과 떨어져 살게 되었어요.

아이들의 교육을 위해서 이곳으로 이사 왔어요.

고향에서 지내고 싶어 자녀와 떨어져 살게 되었어요.

개인 생활을 위해 독립했어요.

▶ 일자리가 다양해졌고, 편리한 생활을 위해 다른 지역으로 이동하는 사람들이 많아졌습니다.

▶ 개인 생활을 중요하게 생각하는 것도 핵가족 증가에 영향을 줍니다.

3
단원

1 가족의 구성과 역할 변화 (1)

기본 개념 문제

1

가족은 부부, 형제자매, 조부모 등으로 이루어진 집단으로 (   ), 출생, 입양 등으로 만들어집니다.

2

옛날에는 신부가 신랑의 집으로 말을 타고 가서 혼례를 치뤘습니다.

(○ , ×)

3

옛날에 신랑의 집에 도착한 신부는 집안 어른들에게 첫인사로 (   )을/를 드렸습니다.

4

옛날과 오늘날의 결혼식은 사람들에게 두 사람이 부부가 된 것을 알린다는 공통점이 있습니다.

(○ , ×)

5

결혼한 자녀가 부모와 함께 사는 가족을 (핵가족 , 확대 가족)이라고 합니다.

6 ➕ 11종 공통

다음 친구가 설명하는 것은 무엇인지 쓰시오.

부부, 형제자매, 조부모 등으로 이루어진 집단을 말해요.

(   )

7 아이스크림 외

빈칸에 들어갈 알맞은 말을 **보기** 에서 찾아 쓰시오.

보기
• 결혼   • 출생   • 입양

⑴ (   )은 아기가 태어나는 것을 말합니다.
⑵ (   )은 법으로 부모와 자식의 관계를 맺는 것을 말합니다.

8 ➕ 11종 공통

다음 ㉠~㉣을 옛날의 결혼식 순서에 맞게 기호를 쓰시오.

㉠ 신랑이 신부의 집으로 말을 타고 갑니다.
㉡ 신랑과 신부가 함께 신랑의 집으로 갑니다.
㉢ 신부는 신랑의 집안 어른들에게 폐백을 드립니다.
㉣ 신랑과 신부가 전통 혼례복을 입고 혼례를 치릅니다.

(   ) → (   ) → (   ) → (   )

9 ➕ 11종 공통

전통 혼례에서 신랑이 신부에게 다음과 같은 물건을 주었던 까닭은 무엇입니까? (　　　　)

▲ 나무 기러기

① 부자가 되자는 의미로
② 자식을 많이 낳자는 의미로
③ 부모님께 효도하라는 의미로
④ 오래도록 함께 행복하게 살자는 의미로
⑤ 나라에 보탬이 되는 사람이 되라는 의미로

10 ➕ 11종 공통

다음 ㉠, ㉡에 들어갈 알맞은 이동 수단을 쓰시오.

　　옛날에는 혼례를 치르고 신부의 집에서 며칠을 지낸 후에 신랑은 (　㉠　)을/를, 신부는 (　㉡　)을/를 타고 신랑의 집으로 갔습니다.

㉠ (　　　　　　　　), ㉡ (　　　　　　　　　)

11 ➕ 11종 공통

옛날의 결혼식 모습으로 알맞지 않은 것은 어느 것입니까? (　　　　)

① 신부의 집에서 결혼식을 했다.
② 신랑과 신부는 전통 혼례복을 입었다.
③ 혼례를 치르고 신랑과 신부는 신혼여행을 갔다.
④ 결혼하는 날 신랑은 말을 타고 신부의 집으로 갔다.
⑤ 신랑이 나무 기러기를 혼례상에 놓으면 혼례가 시작되었다.

[12-13] 다음 글을 읽고, 물음에 답하시오.

　　옛날에는 결혼식을 마치고 신부가 신랑의 집안 어른들께 첫인사로 (　　　)을/를 올렸지만, 오늘날에는 신랑, 신부가 양쪽 집안 어른들께 함께 절을 올립니다.
　　(　　　) 때 신부와 신랑이 집안 어른들께 큰절을 올리면 어른들은 절을 받은 후에 신부의 치마에 대추나 밤을 던져 줍니다.

12 ➕ 11종 공통

위 (　　) 안에 공통으로 들어갈 말을 쓰시오.

(　　　　　　　　　　　　)

13 서술형　동아출판, 천재교육 외

위 **12**번의 답을 할 때 대추와 밤을 던지는 것의 의미는 무엇인지 쓰시오.

_____

_____

14 아이스크림, 천재교육 외

다음 중 우리 조상들처럼 전통 혼례복을 입고 전통 혼례 방식으로 결혼식을 하는 모습은 어느 것입니까? (　　　　)

①

②

③

④

15 서술형 미래엔, 비상교과서 외

다음 오늘날의 결혼식 모습을 통해 알 수 있는 사실을 쓰시오.

_____

_____

[16-17] 다음 오늘날의 결혼식 모습을 보고, 물음에 답하시오.

16 ➕ 11종 공통

위 그림을 보고, 신랑과 신부가 입은 옷은 무엇인지 각각 쓰시오.

⑴ 신랑: (   )

⑵ 신부: (   )

17 ➕ 11종 공통

오늘날 결혼식을 할 때 신랑과 신부가 주고받는 것은 어느 것입니까? (   )

① 밤　　　　　② 구두　　　　　③ 대추

④ 결혼반지　　　⑤ 나무 기러기

18 ➕ 11종 공통

옛날과 오늘날 결혼식 모습의 공통점으로 알맞지 않은 것은 어느 것입니까? (   )

① 신부는 신랑의 집으로 가서 폐백을 드린다.

② 신랑과 신부가 서로를 지켜 줄 것이라고 약속한다.

③ 부부가 되어 새로운 가정을 이루는 중요한 의식이다.

④ 신랑과 신부가 부부가 된 것을 많은 사람에게 알린다.

⑤ 가족과 친척들이 모여 신랑과 신부의 행복한 미래를 축복해 준다.

19 ➕ 11종 공통

다음 옛날과 오늘날의 결혼식 모습에서 달라진 점이 아닌 것은 어느 것입니까? (   )

▲ 옛날의 결혼식　　　　▲ 오늘날의 결혼식

① 결혼식 때 입는 옷

② 결혼식을 하는 장소

③ 결혼식을 하는 방법

④ 결혼식을 할 때 주고받는 것

⑤ 신랑과 신부를 축하해 주는 마음

[20-22] 다음 그림을 보고, 물음에 답하시오.

㉠    ㉡

20 ➊ 11종 공통

위 ㉠, ㉡ 그림에 나타난 가족 형태는 무엇인지 보기에서 골라 쓰시오.

> **보기**
> • 핵가족   • 확대 가족

㉠ (   )
㉡ (   )

21 ➊ 11종 공통

위 ㉠에 나타난 가족에 대한 설명으로 알맞은 것은 어느 것입니까? (   )

① 할아버지, 할머니, 부모님과 함께 산다.
② 옛날에 쉽게 볼 수 있었던 가족 형태이다.
③ 결혼한 자녀와 부모가 함께 사는 가족이다.
④ 오늘날 점점 줄어들고 있는 가족 형태이다.
⑤ ㉡에 나타난 가족에 비해 가족 구성원의 수가 적은 편이다.

22 ➊ 11종 공통

옛날에 ㉡ 그림과 같은 가족 형태가 많았던 까닭은 무엇입니까? (   )

① 직업이 다양했기 때문에
② 주로 도시에서 살았기 때문에
③ 따로 집을 지을 땅이 부족했기 때문에
④ 자녀의 교육을 중요하게 생각했기 때문에
⑤ 일손이 많이 필요한 농사를 지었기 때문에

23 ➊ 11종 공통

다음 가족 구성원 중 확대 가족에 해당하는 것은 어느 것입니까? (   )

① 어머니, 오빠, 나
② 언니, 여동생, 나
③ 아버지, 어머니, 나, 여동생
④ 할아버지, 할머니, 아버지, 어머니, 나
⑤ 아버지, 어머니, 오빠, 언니, 나, 남동생

24 ➊ 11종 공통

오늘날 핵가족이 되는 경우가 <u>아닌</u> 것은 어느 것입니까? (   )

25 서술형 ➊ 11종 공통

오늘날 핵가족이 늘어난 까닭을 두 가지 쓰시오.

_____

_____

1 가족의 구성과 역할 변화 (2)

1 가족 구성원의 역할 변화

① 옛날 가족 구성원의 역할 [자료 1]

• 남자는 농사를 짓거나 나라의 큰일에 참여하는 등 주로 바깥일을 했습니다.

• 여자는 주로 집안일을 하고 자녀를 낳아 길렀습니다.

• 가족의 중요한 일을 결정할 때는 집안에서 나이 많은 어른이 결정했습니다. ➕

② 오늘날 가족 구성원의 역할 [자료 2]

• 남녀의 역할 구분이 없어지고, 남녀 모두 교육받을 기회가 동등해졌습니다.

• 여성의 사회 활동이 활발해졌습니다.

• 가족 구성원이 집안일을 함께 나누어서 합니다.

• 집안의 중요한 일은 가족 구성원이 의논하여 함께 결정합니다.

> 나이가 어린 사람도 중요한 일을 결정할 때 의견을 낼 수 있어요.

• 오늘날 가족 구성원의 역할은 가족의 환경과 상황에 따라서 다를 수 있습니다.

③ 오늘날 가족 구성원의 역할이 변한 까닭

동등한 교육받을 기회	동등한 사회 활동 기회	남녀평등 의식 향상

옛날과 달리 오늘날에는 남녀가 교육받을 기회가 동등해짐.	남녀 모두 사회 활동의 기회가 동등해짐.	남녀가 평등하다는 의식이 높아짐.

➕ **집안의 중요한 일을 결정할 때 가족의 역할**

옛날	한 가정을 이끌어 나가는 아버지나 할아버지의 뜻에 따라 결정하였음.
오늘날	가족회의를 통해 가족이 모두 함께 결정함.

➕ **역할 실천 계획표**

가족 구성원으로서 자기가 해야 할 역할을 쓰고, 계획한 역할을 잘 실천했는지 스스로 평가해 봅니다.

2 가족 구성원의 바람직한 역할

① 가족 구성원 사이의 갈등과 해결 [자료 3]

• 가족 구성원이 함께 생활하다 보면 때때로 갈등이 생기기도 합니다.

• 가족 구성원 간의 갈등이 생겼을 때는 갈등을 해결하려고 노력하는 태도가 중요합니다.

• 갈등을 해결하기 위해서는 서로의 생각을 이해하고 존중하는 것이 필요합니다.

• 가족 모두가 만족할 수 있는 해결 방법을 찾기 위해 노력합니다.

② 행복한 가정을 만들기 위한 실천 방법

> 가족 모두가 서로 존중하고 배려하는 마음을 가져야 합니다.

> 문제가 생겼을 때는 대화를 나누며 협력하고 함께 해결해야 합니다.

> 가족 구성원으로서 자신의 역할을 알고 실천해야 합니다. ➕

용어 사전

● **구성원** 어떤 조직이나 단체를 이루고 있는 개인.

● **동등** (무엇과 등급이나 정도가) 서로 같음.

● **의식** 무엇을 알아차리거나 판단하는 정신의 기능 또는 사물에 대한 지식이나 깨달음.

● **갈등** 서로 생각이나 마음이 맞지 않아서 다툼이 생기는 것.

● **존중** 높이어 귀중하게 대함.

자료 1 옛날 가족 구성원의 모습

남자아이 – 할아버지와 글공부를 합니다.

할머니, 어머니 – 아이들을 돌보고, 집안일을 모두 맡아서 합니다.

할아버지 – 집안의 중요한 일을 결정하고, 손주들의 교육을 맡습니다.

여자아이 – 어머니를 도와 집안일을 하거나 바느질을 합니다.

아버지 – 농사일을 합니다.

➤ 옛날에는 가족 구성원의 역할이 구분되어 있었습니다.

자료 2 오늘날 가족 구성원의 역할 변화

맞벌이 가정 증가	공동 양육
부모가 모두 일하는 경우가 많아짐.	부모가 함께 자녀를 돌봄.
가족 간 집안일 분담	가족 구성원의 의견 존중
가족이 함께 역할을 나눠 집안일을 함.	가족의 일을 함께 의논하여 결정함.

➤ 오늘날에는 집안일에서 남녀 구분이 없어지고 역할 분담이 필요하게 되었습니다.

자료 3 가족 구성원 간 갈등을 해결하는 방법을 역할극으로 표현하기

1 주제 정하기
가족 구성원 간의 갈등 상황 중에서 한 가지를 역할극의 주제로 정합니다.

→

2 역할 정하기
모둠별로 등장인물과 역할극에서 맡을 역할을 정합니다.

→

3 대본 준비하기
각자 맡은 역할의 대본을 준비하고 모둠의 대본을 써서 역할극을 연습합니다.

→

4 역할극 발표하기
모둠별로 역할극을 발표하고 느낀 점을 이야기해 봅니다.

보충 자료

○ 가족을 돕는 직업

• 육아 도우미: 부모가 어린 자녀를 돌보기 어려울 때 아이를 돌보는 일을 합니다.

• 요양 보호사: 환자의 가족을 대신하여 환자를 간호하거나 보살피는 일을 합니다.

• 가족 상담사: 가족들이 생활하면서 생긴 문제를 해결할 수 있도록 상담해 주는 일을 합니다.

3
단원

1 가족의 구성과 역할 변화 (2)

기본 개념 문제

1

(옛날 , 오늘날)에는 가족 구성원의 역할이 구분되어 있었습니다.

2

오늘날에는 남녀 모두 교육받을 기회가 동등해졌습니다.

(○ , ×)

3

남녀가 (   )하다는 의식이 높아지면서 가족 구성원의 역할도 변화했습니다.

4

가족 구성원 간의 갈등이 생겼을 때는 우선 상황을 피하려고 노력하는 태도가 중요합니다.

(○ , ×)

5

행복한 가정을 만들기 위해서는 가족 모두가 서로 (   )하고 배려하는 마음을 가져야 합니다.

6 ➕ 11종 공통

옛날 가족 구성원의 역할로 알맞지 <u>않은</u> 것은 어느 것입니까? (   )

① 여자는 주로 집안일을 했다.
② 주로 남자가 바깥일을 했다.
③ 가족 구성원의 역할이 구분되어 있었다.
④ 가족 구성원이 집안일을 함께 나누어 했다.
⑤ 남자아이는 글공부를 하고 여자아이는 집안일을 도왔다.

7 ➕ 11종 공통

옛날에 집안의 중요한 일을 결정했던 가족 구성원은 누구입니까? (   )

① 어머니   ② 할머니   ③ 남자아이
④ 여자아이   ⑤ 할아버지

8 ➕ 11종 공통

다음 그림을 보고, (   ) 안에 들어갈 알맞은 말에 ○표 하시오.

오늘날에는 집안일에서 남녀의 역할 구분이 (없어지고 , 확실해지고), 집안일을 (가족이 함께 , 어머니가 혼자) 합니다.

● 정답과 풀이 15쪽

9 ➕ 11종 공통

오늘날에 주로 볼 수 있는 가족 구성원의 모습으로 알맞은 것을 골라 ○표 하시오.

(1)    (2)

(   )   (   )

10 ➕ 11종 공통

오늘날 가족 구성원의 역할로 알맞은 것을 보기 에서 모두 골라 기호를 쓰시오.

보기
ㄱ 부모가 함께 자녀를 돌본다.
ㄴ 부모가 모두 일하는 경우가 줄어들었다.
ㄷ 가족 구성원이 역할을 나누어 집안일을 한다.
ㄹ 가정 내의 중요한 일은 아버지 혼자 결정한다.

(   )

11 ➕ 11종 공통

오늘날 가족 구성원의 역할이 옛날에 비해 달라진 점을 알맞게 이야기한 친구는 누구입니까? (   )

① 주연: 집안일은 남자만 해.
② 태용: 집안일은 여자만 해.
③ 유정: 집안일은 어른들만 해.
④ 원우: 집안일을 아이들만 해.
⑤ 연지: 집안일을 온 가족이 함께 해.

12 ➕ 11종 공통

오늘날 남녀의 사회 활동 기회가 동등해진 까닭은 무엇입니까? (   )

① 직업의 종류가 줄어들었기 때문에
② 가족 구성원의 수가 늘어났기 때문에
③ 여성은 교육받을 기회가 거의 없기 때문에
④ 남녀가 평등하다는 의식이 낮아졌기 때문에
⑤ 옛날과 달리 남녀 모두 교육받을 기회가 동등해졌기 때문에

13 ➕ 11종 공통

오늘날 가족 구성원의 역할이 변화하게 된 까닭으로 알맞은 것은 어느 것입니까? (   )

① 농사짓는 사람이 많아졌기 때문에
② 가족 구성원의 수가 많아졌기 때문에
③ 여성의 사회 활동이 많아졌기 때문에
④ 집안일을 여성만 하게 되었기 때문에
⑤ 남성만 직업을 갖고 일을 하게 되었기 때문에

14 서술형 ➕ 11종 공통

다음 사진을 보고 알 수 있는 오늘날 가족 구성원의 역할이 변화하게 된 까닭을 쓰시오.

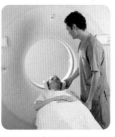   

▲ 남성 간호사   ▲ 여성 소방관

_____

_____

15 ➕ 11종 공통

서로 생각이나 마음이 맞지 않아 다투는 상황을 무엇이라고 합니까? (   )

① 갈등   ② 대화   ③ 동의
④ 역할   ⑤ 배려

16 ➕ 11종 공통

가족 구성원의 바람직한 역할에 대한 설명으로 알맞은 것에는 ○표, 알맞지 않은 것에는 ×표 하시오.

(1) 가족이 겪고 있는 갈등을 굳이 알려고 하지 않습니다.

(   )

(2) 가족 구성원 모두가 문제가 해결될 때까지 끊임없이 노력합니다.

(   )

17 서술형 ➕ 11종 공통

다음과 같은 가족 간의 갈등을 해결하기 위해 필요한 자세를 한 가지만 쓰시오.

여보, 일어나요. 오늘은 아이들과 놀이공원에 가기로 약속했잖아요.

이번 주말에는 집에서 쉬면 안 될까요?

_____

_____

18 비상교과서, 천재교육 외

다음과 같은 문제를 해결하는 방법으로 가장 알맞은 것은 어느 것입니까? (   )

> 부모님께서 회사 일과 집안일을 같이 하셔서 힘들어하십니다.

① 부모님의 어려움을 모른 척한다.
② 부모님께서 해결하기만을 기다린다.
③ 남자와 여자가 해야 할 일을 구분한다.
④ 가족이 모두 부모님의 회사 일을 돕는다.
⑤ 가족이 각자 역할을 나누어 집안일을 한다.

19 ➕ 11종 공통

가족 간의 갈등을 해결하기 위해 필요한 자세로 알맞은 것은 어느 것입니까? (   )

① 아버지의 말씀에 무조건 따른다.
② 나이가 어린 사람에게 다 양보한다.
③ 가족 간에 서로 관심을 두지 않는다.
④ 내가 할 일을 다른 가족에게 미룬다.
⑤ 대화를 통해 서로의 생각을 이해한다.

20 ➕ 11종 공통

다음 중 가족 간의 갈등을 해결하기 위해 노력한 친구를 골라 이름을 쓰시오.

• 소정: 갈등을 무조건 피하려고만 했어.
• 태영: 가족에게 상처 주는 말을 많이 했어.
• 가은: 대화를 나누면서 서로의 생각을 이해하려고 노력했어.
• 은찬: 다른 가족의 입장은 이해하려고 하지 않고 내 입장만 생각했어.

(   )

21 ✚ 11종 공통

행복한 가정을 만들기 위해 해야 할 노력으로 알맞은 것은 어느 것입니까? (   )

① 가족의 일에 무관심해야 한다.
② 집안일은 부모님만 하시도록 한다.
③ 가족 구성원들과는 대화를 자주 하지 않는다.
④ 가족 구성원들 간에 갈등이 생기면 무조건 피한다.
⑤ 가족 구성원으로서 자신의 역할을 알고 실천해야 한다.

22 비상교과서, 비상교육 외

다음 그림은 가족 구성원 간의 갈등을 해결하는 방법을 표현하는 활동 모습입니다. 어떤 방법으로 해결 방법을 표현했는지 쓰시오.

(   )

23 서술형 동아출판 외

가족을 돕는 직업을 한 가지 쓰고, 어떤 일을 하는지 쓰시오.

_____

[24-25] 다음 자료를 보고, 물음에 답하시오.

| 이름 | 김채원 | | 학년/반 | 3학년 2반 |

가족 구성원으로서 나의 역할	평가하기
① 집안일을 함께 했다.	3점
② 내 방을 깨끗이 정리했다.	1점
③ 가족과 대화를 자주 했다.	2점
④ 학교에서 돌아와 숙제를 스스로 했다.	4점
⑤ 가족에게 힘이 되는 따뜻한 말을 했다.	1점

24 아이스크림, 천재교육 외

위와 같이 가족 구성원으로서 자기가 해야 할 역할을 쓰고, 잘 실천했는지 스스로 평가해 보는 표를 무엇이라고 하는지 쓰시오.

(   )

25 아이스크림, 천재교육 외

위의 표에서 일주일 동안 가족 구성원으로서 가장 잘 실천한 일은 무엇입니까? (   )

① 집안일을 함께 했다.
② 가족과 대화를 자주했다.
③ 내 방을 깨끗이 정리했다.
④ 학교에서 돌아와 숙제를 스스로 했다.
⑤ 가족에게 힘이 되는 따뜻한 말을 했다.

2 다양한 가족이 살아가는 모습 (1)

개념 강의

1 오늘날의 다양한 가족 형태 ➕ 자료1

확대 가족	결혼한 자녀와 부모가 함께 사는 가족
핵가족	결혼하지 않은 자녀와 부모가 함께 사는 가족
입양 가족	부부가 직접 낳지는 않았지만, 입양을 통해 이루어진 가족
한 부모 가족	부모님 중 한 분과 자녀만으로 이루어진 가족
조손 가족	조부모님과 손자·손녀로만 이루어진 가족
재혼 가족	재혼을 한 부부와 그의 자녀들로 구성된 가족
다문화 가족	부모님 중 한 분이 외국인인 가족

➕ **오늘날 가족 형태의 특징**

우리 사회에는 우리 가족과 같거나 비슷한 형태의 가족도 있고, 다른 형태의 가족도 있습니다.

2 다양한 가족의 생활 모습 → 가족마다 그 형태나 구성원이 다르고, 살아가는 모습도 다양해요.

① 확대 가족

우리 가족은 할아버지, 할머니, 아빠, 엄마, 나, 동생까지 6명이에요. 우리는 할아버지, 할머니께서 먼저 수저를 드실 때까지 기다렸다가 밥을 먹어요. 할아버지, 할머니와 살다 보니 예절을 잘 지키게 되었어요.

② 입양 가족 자료2

우리 가족은 특별한 기념일이 하나 더 있어요. 제가 가족이 된 날을 기념하며 온 가족이 모여 축하해요. 우리는 늦게 가족이 되었지만, 서로 사랑하고 아껴요.

③ 한 부모 가족 ➕

우리 아빠는 저를 늘 아껴 주세요. 아침마다 제 머리를 손질해 주시고 밥도 차려 주세요. 저는 그런 아빠를 도와 스스로 책가방을 챙기고 학교 갈 준비를 해요. 바쁜 아침에도 우리 가족은 사랑이 넘쳐요.

➕ **한 부모 가족의 모습**

아빠와 딸로 이루어진 한 부모 가족입니다.

④ 재혼 가족

새로 생긴 동생에게

안녕? 엄마와 아빠가 결혼해서 나에게 동생이 생기다니, 꿈만 같아! 친구들한테 나도 여동생이 생겼다고 자랑했어.

학교에 갈 때 너랑 함께 가니까 좋았어. 집에서도 너랑 같이 노니까 즐거워. 앞으로 사이좋게 지내자!

새로 생긴 언니가.

⑤ 다문화 가족

우리 부모님은 태어난 나라도, 피부색도 달라요. 엄마와 대화할 때는 엄마 나라의 말을 쓰기도 해요. 우리 가족은 겨울 방학이 되면 엄마가 태어난 나라에 가요. 할머니도 만나고, 엄마 나라에 대해 알아가요.

용어 사전

● **형태** 어떠한 구조나 전체를 이루고 있는 모양.

● **조손** 조부모(할아버지, 할머니)와 손주를 아울러 이르는 말.

● **재혼** (이혼했거나 배우자가 죽어) 결혼했던 사람이 다시 결혼하는 것, 또는 그 결혼.

◆ 교과서 통합 대표 자료

자료 1 다양한 가족의 모습

오늘날에는 사회가 변화하면서 다양한 형태의 가족이 늘어나고 있습니다.

자료 2 신문 기사 속 입양 가족의 모습

신문이나 뉴스 기사를 보면, 여러 가족의 이야기를 찾아볼 수 있습니다.

보충 자료

● **다양한 가족의 생활 모습을 찾아보는 방법**

· 도서 자료를 찾아봅니다.
· 뉴스나 신문을 찾아봅니다.
· 영상 자료를 찾아봅니다.
· 인터넷을 검색합니다.

● **만화 속 재혼 가족의 모습**

2 다양한 가족이 살아가는 모습 (1)

기본 개념 문제

1

사회가 변화하면서 다양한 형태의 가족이 늘어나고 있습니다.

(○ , ×)

2

결혼한 자녀와 부모가 함께 사는 가족을 (핵가족 , 확대 가족)이라고 합니다.

3

조부모님과 손자 · 손녀로만 이루어진 가족을 한 부모 가족이라고 합니다.

(○ , ×)

4

부모님의 (입양 , 재혼)으로 두 가족이 하나가 되어 언니(누나)나 오빠(형), 동생이 생기는 경우도 있습니다.

5

가족마다 그 형태와 구성원이 다르고, 살아가는 모습이 (다양합니다 , 똑같습니다).

6 ➕ 11종 공통

오늘날 가족의 형태에 대한 설명으로 옳은 것은 어느 것입니까? (   )

① 주로 확대 가족이다.
② 가족의 형태가 매일 변한다.
③ 다양한 형태의 가족이 있다.
④ 가족의 형태에는 두 가지만 있다.
⑤ 가족의 형태는 절대 바뀌지 않는다.

7 ➕ 11종 공통

오늘날의 다양한 가족 형태 중 확대 가족의 모습은 어느 것입니까? (   )

①  ②

③  ④

8 ➕ 11종 공통

부모님 중 한 분과 자녀로만 이루어진 가족을 무엇이라고 합니까? (   )

① 입양 가족   ② 재혼 가족
③ 조손 가족   ④ 다문화 가족
⑤ 한 부모 가족

[9-11] 다음은 다양한 가족의 형태를 나타낸 그림입니다. 물음에 답하시오.

㉠ 엄마의 고향 음식인 쌀국수가 제일 맛있어요!

㉡ 엄마가 결혼을 하면서 새로운 가족이 생겼어요.

㉢ 엄마와 오빠가 있어서 든든해요.

㉣ 할머니, 할아버지가 부모님을 대신해 주세요.

9 ➕ 11종 공통

위 ㉠~㉣ 중 원래 한 가족은 아니었지만, 두 가족이 새롭게 한 가족이 된 모습을 골라 기호를 쓰시오.

( )

10 ➕ 11종 공통

위 ㉠~㉣ 중 다음과 같은 가족의 형태를 나타낸 그림을 골라 기호를 쓰시오.

> 드라마에서 아빠는 영국인, 엄마는 한국인인 가족을 본 적이 있습니다.

( )

11 서술형 ➕ 11종 공통

위 ㉠~㉣을 통해 알 수 있는 오늘날 가족 형태의 특징은 무엇인지 쓰시오.

_____

_____

12 ➕ 11종 공통

부부가 직접 낳지는 않았지만 입양을 통해 이루어진 가족의 모습을 골라 ○표 하시오.

(1) ( ) (2) ☆☆ 입양원 ( )

13 ➕ 11종 공통

조손 가족의 구성원을 알맞게 나타낸 것은 어느 것입니까? ( )

① 누나, 남동생
② 어머니, 아들
③ 할머니, 손녀
④ 아버지, 어머니, 딸
⑤ 할아버지, 아버지, 어머니, 딸

14 ➕ 11종 공통

다음 가족의 형태를 서로 관련 있는 것끼리 선으로 알맞게 연결하시오.

(1) 다문화 가족 •

• ㉠ 두 가족이 부모님의 결혼으로 하나가 된 가족

(2) 재혼 가족 •

• ㉡ 부모님 중 한 분이 외국인인 가족

15 ➕ 11종 공통

오늘날 가족 형태의 특징을 알맞게 말한 친구는 누구 입니까? (   )

① 가족마다 구성원이 같아요.

② 우리 가족과 다른 형태의 가족은 없어요.

③ 오늘날에는 다양한 형태의 가족이 줄어들고 있어요.

④ 가족마다 살아가는 모습이 다양해요.

16 동아출판, 미래엔 외

다양한 가족의 생활 모습을 찾아보는 방법으로 알맞지 <u>않은</u> 것은 어느 것입니까? (   )

① 인터넷 검색하기
② 관련 동화책 읽기
③ 세계 지도 살펴보기
④ 신문 기사 찾아보기
⑤ 관련 영화 감상하기

17 ➕ 11종 공통

가족의 형태에 따른 생활 모습을 알아볼 수 있는 자료로 알맞지 <u>않은</u> 것은 어느 것입니까? (   )

① 만화   ② 신문   ③ 영화
④ 일기   ⑤ 백지도

[18-20] 다음 자료를 읽고, 물음에 답하시오.

20△△년 △△월 △△일

우리 가족 참 많죠?

박□□ 씨 부부의 자녀들은 모두 10명이다. 그 중에 8명은 가슴으로 낳은, 입양한 아이들이다. 몇 명의 아이에게 장애가 있지만, 부부는 모든 아이가 건강하게 자라도록 사랑으로 보살피고 있다. 아이들도 부모님처럼 다른 사람들을 도와주며 사는 것이 꿈이다.

18 미래엔, 아이스크림 외

위와 같이 다양한 가족의 생활 모습을 살펴볼 수 있는 자료는 무엇인지 보기 에서 골라 쓰시오.

보기

• 도서   • 신문   • 영상

(   )

19 ➕ 11종 공통

위의 자료에서 '부부가 직접 낳지는 않았지만, 부모가 아이를 자식으로 받아들이는 것'을 가리키는 단어를 찾아 쓰시오.

(   )

20 서술형 ➕ 11종 공통

위의 자료에서 박□□ 씨 부부가 많은 아이를 입양한 까닭을 쓰시오.

_____

_____

21 ✚ 11종 공통

다음 그림과 같이 두 가족이 새롭게 한 가족이 된 가족의 형태를 쓰시오.

아빠가 결혼을 하면서 새로운 오빠가 생겼어요!

( )

[22-23] 다음 보기 를 보고, 물음에 답하시오.

보기
㉠ 입양으로 이루어진 가족
㉡ 부모님 중 한 분이 외국인인 가족
㉢ 조부모님과 손자·손녀로만 이루어진 가족

22 ✚ 11종 공통

다음 글에 나타난 가족에 대한 설명을 보기 에서 골라 기호를 쓰시오.

우리 부모님은 태어난 나라도, 피부색도 달라요. 엄마와 대화할 때는 엄마 나라의 말을 쓰기도 해요. 우리 가족은 겨울 방학이 되면 엄마가 태어난 나라에 가요. 할머니도 만나고, 엄마 나라에 대해 알아가요.

( )

23 ✚ 11종 공통

다음 그림에 나타난 가족에 대한 설명을 보기 에서 골라 기호를 쓰시오.

할아버지, 할머니가 부모님을 대신해 주세요.

( )

24 ✚ 11종 공통

다음 일기를 쓴 아이가 함께 사는 가족 구성원이 알맞게 짝지어진 것은 어느 것입니까? ( )

20△△년 △△월 △△일 △요일

제목: 우리 아빠 솜씨가 최고야
　우리 아빠는 아침마다 내 머리를 예쁘게 묶어 주신다. 아빠는 내가 아플까봐 조심조심 머리를 빗겨 주시는데 그 느낌이 정말 좋다. 시원한 것 같기도 하고 간지러운 것 같기도 하다. 그래서 난 머리를 묶을 때마다 키득키득 웃음이 나온다. 다 묶고 거울을 보면, 역시 우리 아빠 솜씨가 최고야!
　할머니께서는 즐거운 우리 모습을 보고 하늘에 계신 엄마도 웃고 있을 것이라고 하셨다.

① 아빠, 엄마
② 할머니, 아빠
③ 할머니, 엄마
④ 할아버지, 아빠
⑤ 할아버지, 엄마

25 서술형 ✚ 11종 공통

다음 그림에 나타난 가족의 형태를 두 가지 쓰고, 이를 통해 알 수 있는 오늘날 가족 형태의 특징을 쓰시오.

재혼을 하면서 아들이 생겼어요.

아빠와 둘이 살아요.

_____

_____

2 다양한 가족이 살아가는 모습 (2)

1 다양한 가족을 대하는 태도

① **다양한 가족을 대하는 바람직한 태도** ➕ ┌ 다른 가족의 모습이 낯설다고 좋지 않게 생각하거나 무시하면 상처를 줄 수 있어요.

- 다양한 가족의 모습을 이해하려고 노력합니다.
- 가족의 모습이 우리 가족과 다르다고 이상하게 생각하지 않습니다.
- 다양한 가족이 모두 행복하게 지내기 위해서 다른 가족을 돕고 배려합니다.
- 다른 가족을 무시하거나 마음에 상처를 주는 말과 행동을 하지 않습니다.
- 다른 가족이 겪는 어려움에 관심을 가집니다.

② **다양한 가족을 존중하는 태도**

- 우리 가족뿐만 아니라 다른 가족도 소중하게 여기고 존중하는 태도가 필요합니다.
- 다양한 가족이 어울려 사는 사회를 위해 서로의 다양성을 인정해야 합니다.

➕ **우리 사회에 있는 다양한 형태의 가족**

- 우리 사회에는 다양한 형태의 가족이 여러 가지 모습으로 함께 살아가고 있습니다.
- 다양한 형태의 가족이 함께 살아가는 곳이 우리 사회입니다.

2 다양한 가족의 생활 모습 표현하기 자료 1

① **어떤 가족의 모습을 표현할지 의논하기**: 모둠 친구들과 어떤 가족의 생활 모습을 표현할지 이야기하여 정합니다.

② **표현 방법을 정하고 작품 만들기**

역할극 하기 자료 2	가족의 특징이 잘 드러나도록 대본을 쓰고, 역할극을 함.
뉴스로 표현하기	기자가 되어 다양한 가족의 모습을 뉴스로 소개함.
그림 그리기	다양한 가족의 생활 모습을 그림으로 그림.
만화로 표현하기	다양한 가족의 특징을 만화로 재미있게 표현함.
동시 짓기	가족의 생활 모습을 담은 시를 지어 표현함.

③ **작품을 발표하고, 느낀 점 이야기하기**

- 다양한 가족의 생활 모습을 직접 작품을 만들어 표현해 봅니다.
- 친구들의 작품을 감상하고 알게 된 점, 느낀 점 등을 써서 이야기해 봅니다. ➕

➕ **다양한 가족의 생활 모습 표현 활동을 통해 알 수 있는 점**

- 각 가족이 사는 모습은 서로 다르다는 것을 알 수 있습니다.
- 가족의 형태가 달라도 생활 모습은 비슷할 수 있습니다.
- 다양한 가족의 생활 모습을 존중해야 한다는 것을 알 수 있습니다.

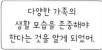
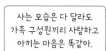

역할극을 해 보니 다른 가족을 더 잘 이해할 수 있었어.

다양한 가족의 생활 모습을 존중해야 한다는 것을 알게 되었어.

사는 모습은 다 달라도 가족 구성원끼리 사랑하고 아끼는 마음은 똑같아.

가족의 형태가 달라도 생활 모습은 비슷할 수도 있어.

3 가족의 의미 표현하기 자료 3 → 가족의 형태와 생활 모습은 달라도 가족이 지닌 의미는 변하지 않아요.

① 가족과 생활하며 사회생활에 필요한 여러 가지 규칙과 예절을 배울 수 있습니다.
② 가족의 형태가 달라도 그들의 가정은 그 가족 구성원들에게 중요한 쉼터이자 보금자리입니다.
③ 가족은 실수했을 때도 이해해 주고 자신감과 용기를 가질 수 있도록 항상 격려해 줍니다.

용어 사전

- **다양성** 다양한 성질이나 상태.
- **인정** 남을 생각하고 도와주는 따뜻한 마음씨.
- **대본** 연극이나 영화의 대사와 연출·연기·무대·배경 등에 대한 지시를 적은 글.
- **보금자리** 지내기에 포근하고 아늑한 곳을 가리키는 말.
- **격려** 용기나 힘을 북돋워 힘을 내게 함.

자료 1 다양한 가족의 생활 모습 표현 방법

역할극 하기	뉴스로 표현하기

▶ 다양한 가족을 여러 방법으로 표현하면서 다양한 가족을 존중하는 태도를 기를 수 있습니다.

자료 2 역할극 대본 쓰기

→ 역할극 대본에 나타난 가족은 조손 가족이에요.

우리 할머니 최고!

나: 할머니! 오늘 저녁은 뭐예요?
할머니: 오늘 저녁은 주은이가 좋아하는 국수이지요.
나: 역시 할머니는 저랑 마음이 통한다니까요.
할머니: 그렇지? 참, 할아버지께서는 오늘 늦으신다고 하셨으니까 우리 먼저 먹자.
나: 네, 수저는 제가 놓을게요.
할머니: 고맙구나. 우리 주은이가 도와주니 할머니가 참 편하구나.

▶ 다양한 가족의 생활 모습을 역할극으로 표현하면 직접 인물이 되어서 상황을 이해하기 좋습니다.

자료 3 내가 생각하는 가족의 의미 표현하기

가족은 서로의 부족함을 채워 줍니다.

가족은 항상 내 편이 되어 주는 사람들입니다.

가족은 슬프거나 힘들 때 의지할 수 있는 사람들입니다.

가족은 아플 때 옆에서 보살펴 줍니다.

▶ 가족의 의미를 표현해 보면 가족이 있어서 좋은 점을 알 수 있습니다.

보충 자료

● **가족의 생활 모습을 그림으로 표현하기**

가족의 다양한 생활 모습을 직접 그려서 표현해 봅니다.

● **반려동물과 함께 생활하는 가족**

자녀가 없는 우리에게 품바는 딸과 같아요.

- 반려동물의 뜻: 사람과 함께 살아가는 존재로 여기며 가까이 두고 감정을 교류하며 지내는 개, 고양이, 물고기 등의 동물을 말합니다.
- 반려동물에 대한 사람들의 생각: 많은 사람이 반려동물을 가족 구성원과 같이 소중하게 생각합니다.
- 반려동물과 함께 생활할 때 필요한 자세: 동물이라고 해서 함부로 키우거나 버리지 말고 책임감을 느껴야 합니다.

2 다양한 가족이 살아가는 모습 (2)

기본 개념 문제

1

다양한 가족이 모두 행복하게 지내기 위해서 다른 가족을 돕고 (   )합니다.

2

우리 사회에는 똑같은 형태의 가족이 똑같은 모습으로 함께 살아가고 있습니다.

(○ , ×)

3

우리 가족뿐만 아니라 다른 가족도 소중하게 여기고 (   )하는 태도가 필요합니다.

4

다양한 가족의 생활 모습을 (노랫말 , 역할극)으로 표현하면 직접 인물이 되어서 상황을 이해하기 좋습니다.

5

가족과 생활하며 사회생활에 필요한 여러 가지 규칙과 예절을 배울 수 있습니다.

(○ , ×)

6 ➕ 11종 공통

다양한 가족을 대하는 바람직한 태도로 알맞은 것은 어느 것입니까? (   )

① 다른 모습의 가족은 인정하지 않는다.
② 우리 가족과 비슷한 모습의 가족만 존중한다.
③ 가족의 모습이 우리 가족과 다르면 이상하게 생각한다.
④ 우리 가족이 행복하게 지내기 위해서 우리 가족만 돕고 배려한다.
⑤ 다른 가족을 무시하거나 마음에 상처를 주는 말과 행동을 하지 않는다.

7 ➕ 11종 공통

우리 가족의 바람직한 모습을 표현하는 말로 알맞지 않은 것은 어느 것입니까? (   )

① 서로 도와주는 가족
② 서로 이해하는 가족
③ 자기 일만 하는 가족
④ 모든 일에 감사하는 가족
⑤ 서로의 부족함을 채워 주는 가족

8 ➕ 11종 공통

다양한 가족이 함께 생활하는 사회에서 우리가 가져야 할 바람직한 태도는 어느 것입니까? (   )

① 놀림   ② 무시   ③ 존중
④ 차별   ⑤ 따돌림

9 서술형 ⊕ 11종 공통

다양한 가족이 함께 생활하는 사회에서 다른 가족을 대할 때의 바람직한 태도를 한 가지만 쓰시오.

_____

_____

10 ⊕ 11종 공통

다음 ㉠~㉣ 중 잘못된 부분을 찾아 기호를 쓰고, 알맞게 고쳐 쓰시오.

> 우리 사회에는 ㉠다양한 형태의 가족이 ㉡한 가지 모습으로 함께 살아가고 있습니다. 형태나 생활 모습은 ㉢다르지만 ㉣모두 가족입니다.

(   )

11 ⊕ 11종 공통

우리 사회에 있는 가족의 형태에 대한 설명으로 옳은 것은 어느 것입니까? (   )

① 우리 사회에는 같은 형태의 가족만 있다.
② 우리 사회의 가족 형태는 다양하지 않다.
③ 우리 사회에는 비슷한 형태의 가족은 없다.
④ 오늘날 우리 사회에는 핵가족의 형태만 있다.
⑤ 우리 사회에는 우리 가족과 다른 형태의 가족도 있다.

12 ⊕ 11종 공통

다양한 가족의 생활 모습을 표현하는 방법으로 알맞지 않은 것은 어느 것입니까? (   )

① 그림 그리기
② 역할극 하기
③ 노랫말 바꾸기
④ 만화로 표현하기
⑤ 현장 체험 학습하기

13 비상교과서, 천재교육 외

다양한 가족의 생활 모습을 표현하는 방법 중 다음과 같은 좋은 점이 있는 방법은 무엇입니까? (   )

> 직접 인물이 되어서 상황을 이해하기 좋습니다.

① 동시 짓기   ② 그림 그리기
③ 역할극 하기   ④ 노랫말 바꾸기
⑤ 뉴스로 표현하기

14 ⊕ 11종 공통

다음 역할극 대본 속에 나타난 가족의 형태로 알맞은 것은 어느 것입니까? (   )

> **우리 할머니 최고!**
>
> 나: 할머니! 오늘 저녁은 뭐예요?
> 할머니: 오늘 저녁은 주은이가 좋아하는 국수이지요.
> 나: 역시 할머니는 저랑 마음이 통한다니까요.
> 할머니: 그렇지? 참, 할아버지께서는 오늘 늦으신다고 하셨으니까 우리 먼저 먹자.
> 나: 네, 수저는 제가 놓을게요.
> 할머니: 고맙구나. 우리 주은이가 도와주니 할머니가 참 편하구나.

① 입양 가족   ② 재혼 가족
③ 조손 가족   ④ 다문화 가족
⑤ 한 부모 가족

3 단원

15 비상교과서, 비상교육 외

다음은 다양한 가족의 생활 모습을 어떤 방법으로 표현한 것인지 쓰시오.

(   )

16 비상교과서, 아이스크림 외

다양한 가족의 생활 모습을 만화로 표현하면 좋은 점은 무엇입니까? (   )

① 가족 구성원들의 나이를 알 수 있다.
② 가족의 특징을 재미있게 볼 수 있다.
③ 어떤 가족의 형태가 좋은지 알 수 있다.
④ 직접 인물이 되어서 상황을 이해하기 좋다.
⑤ 다른 가족의 생활을 직접 체험해 볼 수 있다.

17 김영사, 비상교과서 외

다음은 가족의 생활 모습을 표현한 작품들을 감상한 후 쓴 내용입니다. 무엇을 정리한 것입니까?

(   )

> 모든 사람이 아침 식사를 하지만 가족마다 다른 모습이 나타난다는 것을 알게 되었습니다.

① 준비물   ② 표현 방법
③ 알게 된 점   ④ 고쳐야 할 점
⑤ 더 알고 싶은 점

18 서술형   ➕ 11종 공통

다음은 가족의 생활 모습을 표현한 작품들을 감상하고 느낀 점을 이야기하는 모습입니다. 밑줄 친 부분에 들어갈 알맞은 말을 쓰시오.

_____

_____

19 ➕ 11종 공통

가족에 대한 설명으로 알맞지 <u>않은</u> 것은 어느 것입니까? (   )

① 가족은 서로의 부족함을 채워 준다.
② 가족은 실수했을 때 이해해 주지 않는다.
③ 가족은 용기를 가질 수 있도록 항상 격려해 준다.
④ 가족의 형태가 달라도 생활 모습은 비슷할 수 있다.
⑤ 가족의 형태가 달라도 그들의 가정은 그 가족 구성원들에게 중요한 보금자리이다.

20 ➕ 11종 공통

가족을 통해 배우거나 얻을 수 있는 것으로 알맞지 않은 것은 어느 것입니까? (   )

① 규칙   ② 용기   ③ 예절
④ 이기심   ⑤ 자신감

21 ✚ 11종 공통

다음 중 가족의 의미를 잘못 말한 친구는 누구입니까? (   )

① 주연: 가족끼리는 서로 도와야 해.
② 원영: 가족끼리는 서로 사랑해야 해.
③ 다영: 가족을 경쟁의 대상으로 생각해야 해.
④ 영훈: 가족끼리는 서로의 부족함을 채워 주어야 해.
⑤ 현재: 가족은 슬프거나 힘들 때 의지할 수 있어야 해.

22 ✚ 11종 공통

가족의 의미에 대한 설명으로 알맞은 것을 보기 에서 모두 골라 기호를 쓰시오.

보기

㉠ 가족끼리는 서로 돕고 사랑해야 한다.
㉡ 가족이 실수하면 격려보다는 충고만 한다.
㉢ 우리 사회에는 다양한 형태의 가족이 있다.
㉣ 가족과 생활하면서 사회생활에 필요한 여러 가지 규칙과 예절을 배울 필요는 없다.

(   )

23 미래엔, 비상교과서 외

가족이 있어서 좋은 점으로 알맞지 않은 것은 어느 것입니까? (   )

① 항상 내 편이 되어 준다.
② 슬플 때 의지할 수 있다.
③ 아플 때 옆에서 보살펴 준다.
④ 서로의 부족함을 무시하려고 노력한다.
⑤ 사회생활에 필요한 예절을 배울 수 있다.

24 미래엔, 천재교육 외

다음 그림에 나타난 가족에 대한 설명으로 알맞지 않은 것은 어느 것입니까? (   )

자녀가 없는 우리에게 풍바는 딸과 같아요.

① 확대 가족에 속한다.
② 반려동물과 함께 생활하는 가족이다.
③ 자녀 없이 부부로 이루어진 가족이다.
④ 오늘날에 볼 수 있는 가족의 모습이다.
⑤ 동물을 가족 구성원과 같이 소중하게 생각한다.

25 서술형 비상교육, 천재교육 외

다음과 같은 반려동물을 키우며 생활하려면 어떤 자세가 필요한지 쓰시오.

_____

_____

1 가족의 구성과 역할 변화

옛날의 결혼식 모습

1 신부의 집으로 이동하기

2 혼례 치르기

3 신랑의 집으로 이동하기

4 폐백 드리기

1. 가족

① **❶**□□□의 의미: 부부, 형제자매, 조부모 등으로 이루어진 집단을 말합니다.
② 가족이 만들어지는 사례: 가족은 결혼, 출생, 입양 등으로 만들어집니다.

2. 옛날과 오늘날의 결혼식 모습 비교하기

구분	옛날의 결혼식	오늘날의 결혼식
결혼식 장소	신부의 집	결혼식장, 야외 결혼식장 등
입는 옷	전통 혼례복	신랑은 턱시도, 신부는 웨딩드레스
주고받는 것	**❷**□□□	결혼반지
결혼식 후 하는 일	신랑의 집에서 신랑의 부모님께 폐백을 드림.	• 결혼식장에 있는 폐백실에서 폐백을 드림. • 신혼여행을 감.
공통점	• 사람들에게 두 사람이 부부가 된 것을 알림. • 가족과 친척이 모여 신랑과 신부의 행복한 미래를 축복해 줌.	

3. 옛날과 오늘날의 가족 형태 비교하기

① **확대 가족과 핵가족**

확대 가족	결혼한 자녀와 부모가 함께 사는 가족
❸□□□	결혼하지 않은 자녀와 부모가 함께 사는 가족

② **옛날에 확대 가족이 많았던 까닭**: 옛날에는 주로 농사를 지어 일할 사람이 많이 필요했기 때문에 자녀가 결혼을 해도 부모와 함께 사는 경우가 많았습니다.
③ **오늘날에 핵가족이 많은 까닭**: 오늘날에는 취업이나 교육을 위해 다른 지역으로 이사를 가거나 개인 생활을 중요시하여 독립하는 경우가 늘어났습니다.

옛날과 오늘날의 가족 형태

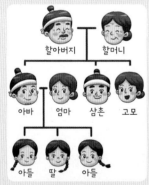

▲ 확대 가족

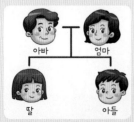

▲ 핵가족

오늘날에는 확대 가족은 줄어들고 핵가족은 늘어나고 있습니다.

4. 가족 구성원의 역할 변화

① **옛날 가족 구성원의 역할**
• 남자는 농사를 짓거나 나라의 큰일에 참여하는 등 주로 바깥일을 했습니다.
• 여자는 주로 집안일을 하고 자녀를 낳아 길렀습니다.
② **오늘날 가족 구성원의 역할**
• 가족 구성원이 집안일을 함께 나누어서 합니다.
• 집안의 중요한 일은 가족 구성원이 의논하여 함께 결정합니다.

5. 가족 구성원의 바람직한 역할

① **가족 구성원 사이의 갈등과 해결**: 가족 구성원 간의 갈등이 생겼을 때는 갈등을 해결하려고 노력하는 태도가 중요합니다.
② **행복한 가정을 만들기 위한 실천 방법**: 가족 모두가 서로 존중하고 **❹**□□□하는 마음을 가져야 하며, 문제가 생겼을 때는 대화를 나누며 협력하고 함께 해결해야 합니다.

1. 오늘날의 다양한 가족 형태

확대 가족	결혼한 자녀와 부모가 함께 사는 가족
핵가족	결혼하지 않은 자녀와 부모가 함께 사는 가족
입양 가족	부부가 직접 낳지는 않았지만, 입양을 통해 이루어진 가족
한 부모 가족	부모님 중 한 분과 자녀만으로 이루어진 가족
❺	조부모님과 손자·손녀로만 이루어진 가족
재혼 가족	원래 한 가족은 아니었지만, 두 가족이 새롭게 한 가족이 됨.
다문화 가족	부모님 중 한 분이 외국인인 가족

2. 다양한 가족을 대하는 태도

① **다양한 가족을 대하는 바람직한 태도**

- 다양한 가족의 모습을 이해하려고 노력합니다.
- 다양한 가족이 모두 행복하게 지내기 위해서 다른 가족을 돕고 배려합니다.
- 다른 가족을 무시하거나 마음에 상처를 주는 말과 행동을 하지 않습니다.

② **다양한 가족을 존중하는 태도**

- 우리 가족뿐만 아니라 다른 가족도 소중하게 여기고 ❻ ☐ 하는 태도가 필요합니다.
- 다양한 가족이 어울려 사는 사회를 위해 서로의 다양성을 인정해야 합니다.

3. 다양한 가족의 생활 모습 표현해 보기

① **어떤 가족의 모습을 표현할지 의논하기**: 모둠 친구들과 어떤 가족의 생활 모습을 표현할지 이야기하여 정합니다.

② **표현 방법을 정하고 작품 만들기**

❼ ☐ 하기	가족의 특징이 잘 드러나도록 대본을 쓰고, 역할극을 함.
뉴스로 표현하기	기자가 되어 다양한 가족의 모습을 뉴스로 소개함.
그림 그리기	다양한 가족의 생활 모습을 그림으로 그림.

③ **작품을 발표하고, 느낀 점 이야기하기**

- 다양한 가족의 생활 모습을 직접 작품을 만들어 표현해 봅니다.
- 친구들의 작품을 감상하고 알게 된 점, 느낀 점 등을 써서 이야기해 봅니다.

4. 가족의 의미 표현하기

① 가족과 생활하며 사회생활에 필요한 여러 가지 규칙과 예절을 배울 수 있습니다.

② 가족의 형태가 달라도 그들의 가정은 그 가족 구성원들에게 중요한 쉼터이자 ❽ ☐ 입니다.

③ 가족은 실수했을 때도 이해해 주고 자신감과 용기를 가질 수 있도록 항상 격려해 줍니다.

★ **다양한 가족의 모습**

입양 가족

한 부모 가족

조손 가족

다문화 가족

오늘날에는 사회가 변화하면서 다양한 형태의 가족이 늘어나고 있습니다.

3 단원

1 ✚ 11종 공통

옛날의 결혼식 모습으로 알맞지 <u>않은</u> 것은 어느 것입니까? ( )

① 신랑과 신부는 전통 혼례복을 입는다.

② 신부가 신랑 측에 나무 기러기를 건네준다.

③ 신랑은 혼례를 치르기 위해 신부의 집으로 말을 타고 간다.

④ 신랑의 집에 도착한 신부는 신랑의 집안 어른들께 폐백을 드린다.

⑤ 신랑과 신부는 혼례를 치른 뒤 신부의 집에서 며칠 동안 머무른다.

2 ✚ 11종 공통

다음 오늘날의 결혼식 모습을 통해 알 수 있는 사실은 무엇입니까? ( )

① 결혼식의 모습이 다양하다.

② 결혼식 비용이 점점 늘어나고 있다.

③ 결혼식 절차가 점점 복잡해지고 있다.

④ 결혼식에 참석하는 사람 수가 점점 많아지고 있다.

⑤ 전통 혼례 방식으로 결혼식을 하는 경우가 대부분이다.

3 서술형 ✚ 11종 공통

옛날과 오늘날 결혼식의 공통점을 한 가지만 쓰시오.

_____

_____

4 ✚ 11종 공통

옛날에 다음과 같은 가족의 형태가 많았던 까닭은 무엇입니까? ( )

① 태어나는 아기의 수가 적어서

② 농사를 지어 일손이 많이 필요해서

③ 오늘날보다 부유한 사람들이 많아서

④ 한곳에 정착하지 않고 이동 생활을 해서

⑤ 도시에서 촌락으로 이사를 가는 사람들이 늘어나서

5 ✚ 11종 공통

옛날 가족 구성원이 했던 일을 선으로 알맞게 연결하시오.

(1) 어머니 •   • ㉠ 농사일을 함.

          • ㉡ 손주들의 교육을 맡음.

(2) 아버지 •

          • ㉢ 아이들을 돌보고, 집안일을 모두 맡아서 함.

(3) 할아버지 •

6 ➕ 11종 공통

다음 그림을 보고 알 수 있는 오늘날 가족 구성원의 모습으로 알맞은 것은 어느 것입니까? (   )

① 부모가 함께 자녀를 돌본다.
② 사회 활동을 하는 여성이 많아졌다.
③ 남성과 여성의 역할 구분이 뚜렷하다.
④ 집안일은 대부분 여성이 맡아서 한다.
⑤ 집안의 중요한 일은 가족 구성원이 의논하여 함께 결정한다.

7 ➕ 11종 공통

오늘날 가족 구성원의 역할이 변한 까닭으로 알맞은 것은 어느 것입니까? (   )

① 직업의 종류가 줄어들었기 때문에
② 가족 구성원의 수가 늘어났기 때문에
③ 여성은 교육받을 기회가 거의 없기 때문에
④ 남녀가 평등하다는 의식이 낮아졌기 때문에
⑤ 옛날과 달리 남녀 모두 교육받을 기회가 동등해졌기 때문에

8 ➕ 11종 공통

가족 간 갈등을 해결하기 위해 필요한 자세를 잘못 말한 친구를 골라 이름을 쓰시오.

- 재석: 서로의 생각을 이해해야 해.
- 소민: 서로 존중하는 마음을 가져야 해.
- 동훈: 무조건 자신의 편안함만을 생각해야 해.
- 예진: 가족 모두가 서로 존중하는 마음을 가져야 해.

(   )

9 서술형 ➕ 11종 공통

다음 그림을 보고, 행복한 가족을 만들기 위해 우리가 실천할 수 있는 방법을 한 가지만 쓰시오.

설거지는 내가 할게.

_____

_____

10 ➕ 11종 공통

다음 (   ) 안에 들어갈 알맞은 말을 쓰시오.

가족마다 그 형태나 (   )이/가 다르고, 살아가는 모습도 다양합니다.

(   )

11 ➕ 11종 공통

오늘날 가족 형태에 대한 설명으로 옳지 <u>않은</u> 것은 어느 것입니까? (   )

① 옛날보다 가족의 형태가 단순해졌다.
② 우리 가족과 같은 형태의 가족이 있다.
③ 우리 가족과 다른 형태의 가족이 있다.
④ 우리 가족과 비슷한 형태의 가족이 있다.
⑤ 우리 사회에는 다양한 형태의 가족이 있다.

12 ➕ 11종 공통

다음 (   ) 안에 들어갈 알맞은 말을 쓰시오.

> **우리 가족 참 많죠?**
>
> 박□□ 씨 부부의 자녀들은 모두 10명이다. 그 중에 8명은 가슴으로 낳은, (   )한 아이들이다. 몇 명의 아이에게 장애가 있지만, 부부는 모든 아이가 건강하게 자라도록 사랑으로 보살피고 있다. 아이들도 부모님처럼 다른 사람들을 도와주며 사는 것이 꿈이다.

(   )

13 ➕ 11종 공통

다음 중 다문화 가족인 경우는 어느 것입니까?

(   )

① 할머니와 둘이 살아요.
② 엄마가 베트남 사람이에요.
③ 부모님께서 나를 입양하셨대요.
④ 아빠가 재혼하셔서 언니가 생겼어요.
⑤ 엄마 혼자 저와 동생을 키우고 계세요.

14 ➕ 11종 공통

다양한 가족을 대하는 바람직한 태도를 알맞게 말한 친구를 골라 ○표 하시오.

(1) 다양한 가족의 모습을 이해하려고 노력해야 해.

(2) 나와 사는 모습이 비슷한 친구하고만 어울려야 해.

(   )   (   )

15 서술형 ➕ 11종 공통

다음과 같이 가족의 생활 모습을 표현하면 좋은 점은 무엇인지 쓰시오.

> **우리 할머니 최고!**
>
> 나: 할머니! 오늘 저녁은 뭐예요?
> 할머니: 오늘 저녁은 주은이가 좋아하는 국수이지요.
> 나: 역시 할머니는 저랑 마음이 통한다니까요.
> 할머니: 그렇지? 참, 할아버지께서는 오늘 늦으신다고 하셨으니까 우리 먼저 먹자.
> 나: 네, 수저는 제가 놓을게요.
> 할머니: 고맙구나. 우리 주은이가 도와주니 할머니가 참 편하구나.

_____

_____

1 ● 11종 공통

다음 ( ) 안에 공통으로 들어갈 물건은 무엇인지 쓰시오.

> • 옛날에는 결혼하는 날 신부의 집에 도착한 신랑이 ( )을/를 혼례상에 놓으면 혼례가 시작되었습니다.
> • ( )은/는 신랑과 신부가 오래도록 함께 행복하게 사는 것을 의미합니다.

( )

2 ● 11종 공통

다음에서 설명하는 것은 무엇입니까? ( )

> 결혼할 때 신부가 신랑의 집안 어른들께 첫인사를 올리는 것을 말합니다.

① 주례
② 폐백
③ 결혼반지
④ 신혼여행
⑤ 전통 혼례복

3 서술형 ● 11종 공통

옛날과 오늘날의 결혼식 모습에서 달라진 점을 두 가지 쓰시오.

_____

_____

4 ● 11종 공통

다음 ( ) 안에 들어갈 알맞은 말을 골라 ○표 하시오.

> 옛날에는 주로 농사를 지어 일손이 많이 필요했기 때문에 (핵가족 , 확대 가족)이 많았습니다.

5 ● 11종 공통

오늘날 사회의 특징으로 알맞지 않은 것은 어느 것입니까? ( )

① 옛날보다 일자리가 다양해졌다.
② 확대 가족보다 핵가족이 더 많다.
③ 도시에 새로운 일자리가 많이 생겼다.
④ 개인 생활을 위해 독립하는 경우가 늘어났다.
⑤ 새로운 일자리를 찾아 도시로 오면서 가족 규모가 커졌다.

[6-7] 다음은 옛날 가족 구성원의 역할을 나타낸 그림입니다. 물음에 답하시오.

6 ✚ 11종 공통

위 그림에 나타난 가족 구성원과 역할이 잘못 짝지어진 것은 어느 것입니까? ( )

① 할머니 – 아이들을 돌보셨다.
② 할아버지 – 손주들의 교육을 맡았다.
③ 아버지 – 농사일 등 바깥일을 하셨다.
④ 어머니 – 집안일을 모두 맡아서 했다.
⑤ 남자아이 – 집안의 중요한 일을 결정했다.

7 ✚ 11종 공통

위 그림에서 여자아이가 하는 일로 알맞은 것은 어느 것입니까? ( )

① 농사짓기
② 글공부하기
③ 바느질하기
④ 글공부 가르치기
⑤ 곡식 실어 나르기

8 ✚ 11종 공통

오늘날 가족의 의사 결정 모습이 다음과 같이 변화하게 된 데에 영향을 미친 것을 보기 에서 골라 기호를 쓰시오.

> 집안의 중요한 일은 가족 구성원이 의논하여 함께 결정합니다.

보기
⊙ 가족 구성원의 수가 늘었다.
ⓒ 나이가 어린 사람도 중요한 일을 결정할 때 의견을 낼 수 있다.
ⓒ 나이가 많은 사람의 의견을 존중하는 사회 분위기가 형성되었다.

( )

9 서술형 ✚ 11종 공통

행복한 가정을 만들기 위한 실천 방법을 한 가지만 쓰시오.

_____

_____

10 ✚ 11종 공통

오늘날 가족의 형태에 대한 설명으로 옳지 않은 것은 어느 것입니까? ( )

① 핵가족이 많아졌다.
② 다양한 형태의 가족이 있다.
③ 가족은 결혼으로만 만들어진다.
④ 동물과 함께 살아가는 가족도 있다.
⑤ 부모님의 재혼으로 두 가족이 새롭게 가족이 되기도 한다.

[11-12] 다음 보기 를 보고, 물음에 답하시오.

보기 ●

ㄱ 입양을 통해 이루어진 가족
ㄴ 부모님 중 한 분이 외국인인 가족
ㄷ 부모님 중 한 분과 자녀만으로 이루어진 가족

11 ● 11종 공통

다음은 어떤 가족의 모습인지 보기 에서 골라 기호를 쓰시오.

(   )

12 ● 11종 공통

다음은 어떤 가족의 모습인지 보기 에서 골라 기호를 쓰시오.

(   )

13 서술형 ● 11종 공통

다양한 가족을 대하는 바람직한 태도를 두 가지 쓰시오.

_____

_____

14 비상교과서, 아이스크림 외

가족의 생활 모습을 표현하는 방법으로 알맞지 <u>않은</u> 것은 어느 것입니까? (   )

① 동시 짓기
② 그림 그리기
③ 지도 그리기
④ 역할극 하기
⑤ 뉴스로 표현하기

15 미래엔, 비상교과서 외

가족의 바람직한 역할에 대한 설명으로 옳지 <u>않은</u> 것은 어느 것입니까? (   )

① 서로 돕고 사랑한다.
② 실수를 하면 용서하지 않는다.
③ 힘든 일이 있으면 위로해 준다.
④ 자신감과 용기를 가질 수 있도록 항상 격려해 준다.
⑤ 사회생활에 필요한 여러 가지 규칙과 예절을 가르쳐 준다.

3. 가족의 모습과 역할 변화

● 정답과 풀이 20쪽

| 평가 주제 | 옛날과 오늘날의 결혼식 모습 설명하기 |
| 평가 목표 | 옛날과 오늘날의 결혼식의 모습을 비교하여 서술할 수 있다. |

[1-2] 다음 그림을 보고, 물음에 답하시오.

(가)  (나)

(다)  (라)

1 위 (가)~(라)를 옛날의 결혼식 모습과 오늘날의 결혼식 모습으로 알맞게 구분하여 기호를 쓰시오.

(1) 옛날의 결혼식 모습: (   )

(2) 오늘날의 결혼식 모습: (   )

도움 옛날과 달리 오늘날에는 결혼식 장소와 방법, 결혼식에서 입는 옷이 다양해졌습니다.

2 위의 그림을 참고하여, 옛날과 오늘날의 결혼식 모습을 비교하는 다음 표를 채워 넣으시오.

도움 옛날과 오늘날 모두 가족과 친척이 모여 신랑과 신부의 행복한 미래를 축복해 주는 마음은 같습니다.

구분	옛날의 결혼식	오늘날의 결혼식
결혼식 장소	㉠	결혼식장, 정원, 공원 등
입는 옷	전통 혼례복	신랑은 턱시도, 신부는 웨딩드레스
결혼식을 할 때 주고받는 것	㉡	결혼반지
결혼식 후 하는 일	신랑의 집에서 신랑의 부모님께 폐백을 드립니다.	㉢

3. 가족의 모습과 역할 변화

평가 주제	오늘날의 다양한 가족 형태 설명하기
평가 목표	오늘날의 다양한 가족 형태와 특징을 서술할 수 있다.

[1-2] 다음 다양한 가족의 모습을 보고, 물음에 답하시오.

(가)
자녀가 없는 우리에게 품바는 딸과 같아요.

(나)
아이를 입양하고 우리 가족이 더 행복해졌어요.

(다)
엄마가 결혼을 하면서 새로운 가족이 생겼어요.

(라)
엄마의 고향 음식인 쌀국수가 제일 맛있어요!

(마)
할아버지, 할머니가 부모님을 대신해 주세요.

(바)
할아버지, 할머니, 아빠, 엄마, 나, 동생이 한 집에서 함께 살아요!

1 위 (가)~(바) 중 다음 신문 기사에 나타난 가족의 형태와 같은 가족의 모습을 골라 기호를 쓰시오.

> 20△△년 △△월 △△일
>
> ### 우리 가족 참 많죠?
>
> 박□□ 씨 부부의 자녀들은 모두 10명이다. 그중에 8명은 가슴으로 낳은, 입양한 아이들이다. 몇 명의 아이에게 장애가 있지만, 부부는 모든 아이가 건강하게 자라도록 사랑으로 보살피고 있다. 아이들도 부모님처럼 다른 사람들을 도와주며 사는 것이 꿈이다.

(   )

도움 가족마다 그 형태나 구성원이 다르고, 살아가는 모습도 다양합니다.

2 위 (가)~(바)를 통해 알 수 있는 오늘날 가족 형태의 특징을 쓰시오.

_____

_____

도움 오늘날에는 다양한 가족의 모습을 볼 수 있습니다.

 3 단원

미로를 따라 길을 찾아보세요.

● 정답과 풀이 20쪽

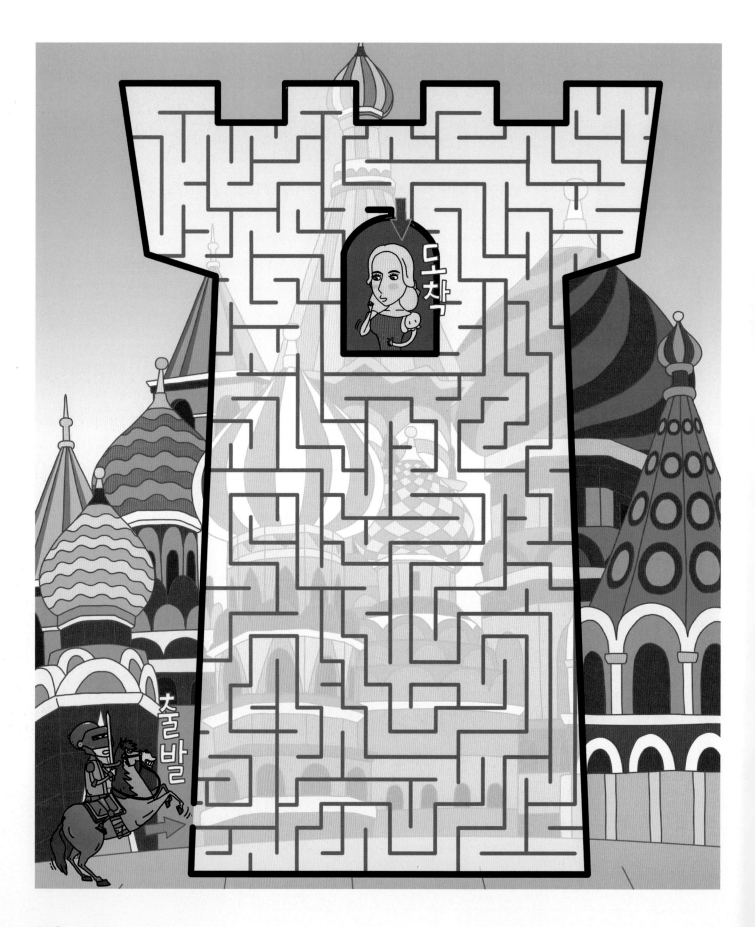

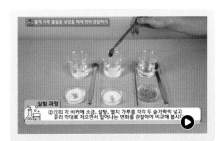

강의가 더해진, **교과서 맞춤 학습**

백점

사회 3·2

동아출판

평가북

- 묻고 답하기
- 중단원 평가, 대단원 평가
- 수행 평가

동아출판

평가북 구성과 특징

1 **단원별 개념 정리**가 있습니다.
  - **묻고 답하기:** 단원의 핵심 내용을 묻고 답하기로 빠르게 정리할 수 있습니다.

2 **단원별 다양한 평가**가 있습니다.
  - **중단원 평가, 대단원 평가, 수행 평가:** 다양한 유형의 문제를 풀어봄으로써 수시로 실시되는 학교 시험을 완벽하게 대비할 수 있습니다.

백점

BOOK 2 평가북

● 차례

사회 3·2

✏️ 빈칸에 알맞은 답을 쓰세요.

1 산, 들, 하천, 바다와 같은 땅의 생김새와 날씨에 영향을 주는 눈, 비, 바람, 기온 등을 무엇이라고 합니까?

2 고장의 산과 들, 하천과 바다 등 다양한 땅의 생김새에 따라 그 고장 사람들의 (   )도 다릅니다.

3 사람들은 하천 주변에 (   )을/를 만들어 운동이나 산책을 하는 곳으로 이용합니다.

4 (여름 , 겨울)에는 기온이 낮아 춥고 눈이 내리기도 합니다.

5 조사한 자료를 한눈에 알아볼 수 있도록 선, 막대, 그림 등으로 나타낸 것을 무엇이라고 합니까?

6 (바다가 있는 , 산이 많은) 고장에 사는 사람들은 목장에서 소나 양을 길러 고기와 우유를 얻습니다.

7 (   )에는 많은 사람이 살고 높은 건물들이 있습니다.

8 바다에 그물을 쳐서 굴, 김, 미역, 다시마 등을 기르는 곳을 (   )(이)라고 합니다.

9 스스로 즐거움을 얻고자 남는 시간에 하는 자유로운 활동을 무엇이라고 합니까?

10 공원 산책은 (인문 , 자연)환경을 이용한 여가 생활입니다.

✏️ 빈칸에 알맞은 답을 쓰세요.

1단원

1 자연환경을 이용해 사람들이 만든 논과 밭, 공원, 과수원, 도로, 다리, 공장, 저수지 등을 ( )(이)라고 합니다.

2 사람들은 (산 , 바다)에 산림욕장이나 공원, 등산로를 만듭니다.

3 사람들은 ( )을/를 만들어 하천의 물을 생활용수와 공업용수로 이용합니다.

4 우리나라는 봄, 여름, 가을, 겨울의 사계절이 있고, 계절에 따라 ( )이/가 다릅니다.

5 우리나라는 여름에는 기온이 높고 ( )이/가 많이 옵니다.

6 우리 고장의 환경을 조사하기 위해서 (고장 안내도 , 세계지도)를 살펴봅니다.

7 (논과 밭 , 바다)이/가 있는 고장에 사는 사람들은 농업 기술을 연구하고 알려 줍니다.

8 도시가 발달한 고장의 사람들은 주로 공장에서 물건을 만들거나 ( )에서 일합니다.

9 소금을 얻기 위하여 바닷물을 가두어 두고 햇볕에 증발시켜 평평한 밭처럼 만들어 놓은 곳을 무엇이라고 합니까?

10 래프팅, 패러글라이딩은 ( )을/를 이용해 즐기는 여가 생활입니다.

1 ➕ 11종 공통

다음 중 자연환경에 해당하지 <u>않는</u> 것은 어느 것입니까? (   )

①
▲ 논

②
▲ 산

③
▲ 비

④
▲ 하천

2 ➕ 11종 공통

자연환경 중 날씨에 영향을 주는 것을 두 가지 고르시오. (,   )

① 산   ② 들   ③ 하천
④ 기온   ⑤ 바람

3 ➕ 11종 공통

다음에서 설명하는 것은 무엇인지 쓰시오.

> 공원, 과수원, 도로, 다리, 공장, 저수지 등 사람들이 만든 환경을 말합니다.

(   )

4 ➕ 11종 공통

다음과 같은 자연환경을 고장 사람들이 이용하는 모습으로 알맞은 것은 어느 것입니까? (   )

① 나물이나 약초를 얻는다.
② 등산로를 만들어 이용한다.
③ 아파트를 지어서 생활한다.
④ 댐을 만들어 물을 이용한다.
⑤ 배가 드나들 수 있는 항구를 짓는다.

5 ➕ 11종 공통

자연환경과 고장 사람들이 자연환경을 이용하는 모습이 알맞게 짝지어진 것은 어느 것입니까? (   )

① 산 – 항구 짓기
② 들 – 아파트 짓기
③ 바다 – 댐 만들기
④ 하천 – 염전 만들기
⑤ 바다 – 등산로 만들기

[6-7] 다음은 고장 사람들이 땅의 생김새를 이용하는 모습입니다. 물음에 답하시오.

 ㉠

 ㉡

 ㉢

 ㉣

6 비상교과서, 비상교육 외

위 ㉠~㉣을 다음 기준에 맞게 분류하여 기호를 쓰시오.

(1) 산을 이용하는 모습: (   )
(2) 바다를 이용하는 모습: (   )

7 비상교과서, 비상교육 외

위 ㉠~㉣ 중 다음에서 설명하는 모습을 골라 기호를 쓰시오.

> 산 위의 강한 바람을 이용하여 전기를 만들어 사용합니다.

(   )

[8-10] 다음 자료는 수영이네 고장의 기온과 강수량을 나타낸 것입니다. 물음에 답하시오.

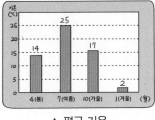
▲ 평균 기온

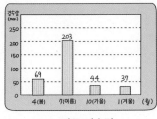
▲ 평균 강수량

8 아이스크림, 천재교육 외

위와 같이 조사한 자료를 한눈에 알아볼 수 있도록 선, 막대, 그림 등으로 나타낸 것을 무엇이라고 하는지 쓰시오.

(   )

9 아이스크림, 천재교육 외

위의 자료를 <u>잘못</u> 해석한 것은 어느 것입니까?

(   )

① 기온이 가장 높은 달은 7월이다.
② 4월(봄)의 평균 기온은 14℃이다.
③ 강수량이 가장 적은 달은 1월이다.
④ 10월(가을)의 평균 강수량은 37mm이다.
⑤ 자료를 통해 수영이네 고장의 계절별 날씨 특징을 알 수 있다.

10 서술형 아이스크림, 천재교육 외

위의 자료를 보고, 수영이네 고장에서 여름과 겨울에 나타나는 기온과 강수량의 특징을 쓰시오.

_____

_____

[11-12] 다음 그림을 보고, 물음에 답하시오.

11 ⊕ 11종 공통

위 그림의 고장 사람들이 주로 하는 일로 알맞은 것을 두 가지 고르시오. (　,　)

① 버섯을 기르는 일
② 김, 미역 등을 기르는 일
③ 목장에서 소나 양을 기르는 일
④ 배나 고기잡이 도구를 고치는 일
⑤ 바닷속에 들어가서 해산물을 잡는 일

12 ⊕ 11종 공통

위 그림의 고장에서 볼 수 있는 인문환경을 한 가지만 쓰시오.

(　　　　　　　　　　)

13 ⊕ 11종 공통

고장 사람들이 다음과 같은 일을 하는 고장은 어디입니까? (　　)

> • 밭이나 비닐하우스에서 채소와 과일을 재배합니다.
> • 농기계를 팔거나 고치고, 농업 기술을 연구하고 알려 줍니다.

① 산이 많은 고장　　② 바다가 있는 고장
③ 사막이 있는 고장　④ 도시가 발달한 고장
⑤ 논과 밭이 있는 고장

14 ⊕ 11종 공통

도시에 사는 사람들이 논과 밭이 있는 고장에 사는 사람들에 비해 훨씬 더 다양한 일을 하는 까닭은 무엇입니까? (　　)

① 물이 풍부해서
② 농업 기술이 발달해서
③ 자연환경이 아름다워서
④ 기온과 강수량이 적당해서
⑤ 많은 시설을 비롯한 인문환경이 있어서

15 서술형 ⊕ 11종 공통

다음과 같은 고장에 사는 사람들이 자연환경을 이용해서 하는 일을 두 가지 쓰시오.

_____

16 비상교육, 천재교육 외

다음 중 바다가 있는 고장에서 보기 <u>어려운</u> 것은 어느 것입니까? (   )

①
▲ 염전

②
▲ 양식장

③
▲ 스키장

④
▲ 수산물 직판장

17 서술형 ➕ 11종 공통

다음 밑줄 친 부분에 들어갈 알맞은 까닭은 무엇인지 쓰시오.

> 고장마다 사람들이 하는 일이 다른 까닭은 _____
> _____ 때문입니다.

_____

_____

18 ➕ 11종 공통

다음에서 설명하는 것은 무엇인지 쓰시오.

> • 스스로 즐거움을 얻고자 남는 시간에 하는 자유로운 활동을 말합니다.
> • 캠핑, 래프팅, 박물관 견학, 영화 관람 등이 있습니다.

(   )

19 미래엔, 아이스크림 외

인문환경을 이용한 여가 생활이 <u>아닌</u> 것은 어느 것입니까? (   )

① 공원에서 산책하기
② 하천에서 낚시하기
③ 실내 수영장에서 수영하기
④ 영화관에서 영화 관람하기
⑤ 놀이 공원에서 놀이 기구 이용하기

20 ➕ 11종 공통

다음 대화를 읽고, 자연환경을 이용해 여가 생활을 한 친구를 모두 찾아 이름을 쓰시오.

> • 예원: 다들 오랜만이다. 너희들은 여름 방학을 어떻게 보냈어?
> • 선우: 나는 친구들과 근처 바닷가에 가서 물놀이를 했어.
> • 예원: 와! 정말 재미있었겠다. 우리 고장에는 산이 많아서 나는 가족들과 등산을 했어.
> • 도현: 다들 즐거웠겠다. 나는 가까운 영화관에 가서 영화를 봤어.
> • 민서: 그렇구나. 나는 도서관에서 좋아하는 책을 마음껏 읽었어.

(   )

✏ 빈칸에 알맞은 답을 쓰세요.

1 사람이 살아가기 위해 꼭 필요한 옷, 음식, 집을 (   )(이)라고 합니다.

2 다양한 환경으로부터 몸을 보호하고 체온을 유지하기 위해 필요한 것들은 의, 식, 주 중에서 무엇과 관련이 있습니까?

3 (   )은/는 고장에 따라 차이가 나기 때문에 고장별로 사람들의 옷차림은 다릅니다.

4 (   )에는 추위를 견디기 위해 장갑을 끼거나 목도리를 두릅니다.

5 (춥고 눈이 많이 오는 , 낮과 밤의 기온 차가 큰) 고장에서는 망토와 같은 긴 옷을 걸치고 모자를 씁니다.

6 각 고장의 자연환경에 따라 음식이 다르게 발달해 (   ) 모습이 다양하게 나타납니다.

7 (산지가 많은 , 덥고 비가 많이 오는) 고장에서는 파인애플, 바나나, 망고와 같은 주변에서 쉽게 구할 수 있는 열대 과일을 이용한 음식이 많습니다.

8 고장의 날씨나 땅의 생김새 등에 따라 집을 짓는 (   )이/가 다양하고 집의 모습이 다릅니다.

9 터키의 화산 폭발이 있었던 고장에서는 화산이 폭발하여 만들어진 단단하지 않은 바위를 파서 그 속에 (   )을/를 지었습니다.

10 옛날에 강원도 산지 사람들이 살던 집으로, 나뭇조각으로 지붕을 얹은 집을 무엇이라고 합니까?

✏ 빈칸에 알맞은 답을 쓰세요.

1 밥, 국, 음료수, 햄버거 등은 ( )생활과 관련 있습니다.

2 더위나 추위를 피하고, 안전하고 편안하게 쉬기 위해 필요한 것은 무엇입니까?

3 (여름 , 겨울)에는 바람이 잘 통하는 재료로 만든 얇은 반팔 옷과 반바지를 입고, 햇볕을 막는 모자를 쓰기도 합니다.

4 해녀들은 차가운 물이 몸에 직접 닿지 않도록 (방열복 , 잠수복)을 입습니다.

5 ( )에 있는 고장에서는 뜨거운 햇볕과 모래바람을 막기 위해 주로 긴 옷을 입고 머리에 천을 둘러 감습니다.

6 ( )(으)로 둘러싸인 고장에서는 해산물을 이용해 만든 음식을 주로 먹습니다.

7 (추운 , 산지가 많은) 고장에서는 젖소를 많이 키워 우유나 치즈를 이용한 음식이 많습니다.

8 ( )이/가 발달한 고장에서는 아파트, 다세대 주택 등에 많은 사람들이 모여 삽니다.

9 날씨가 추운 러시아에 사는 사람들이 주변 숲에서 쉽게 구할 수 있는 통나무로 지은 집을 (게르 , 이즈바)라고 합니다.

10 옛날에 울릉도 사람들이 살던 집의 바깥쪽 지붕의 끝에서부터 땅에 닿는 부분까지 둘러친 벽을 무엇이라고 합니까?

1 ➕ 11종 공통

다음 ㉠~㉢에 들어갈 알맞은 말을 쓰시오.

> 사람이 살아가기 위해서는 몸을 보호하고 체온을 유지하기 위한 (㉠)와/과 영양소와 힘을 얻기 위한 (㉡)이/가 필요합니다. 또한 안전하고 편안하게 쉴 수 있는 (㉢)도 필요합니다. 이와 같은 것들을 의식주라고 합니다.

㉠ ( )
㉡ ( )
㉢ ( )

2 ➕ 11종 공통

다음 중 의생활과 관련된 것은 어느 것입니까?

( )

①
▲ 밥

②
▲ 모자

③
▲ 아파트

④
▲ 파스타

3 ➕ 11종 공통

사람들이 집을 만드는 까닭으로 알맞지 <u>않은</u> 것은 어느 것입니까? ( )

① 잠을 자기 위해서
② 영양분을 얻기 위해서
③ 휴식을 취하기 위해서
④ 더위와 추위를 피하기 위해서
⑤ 위험한 동물을 피하기 위해서

4 서술형 · 김영사, 동아출판 외

다음과 같이 고장별로 사람들의 옷차림이 다른 까닭은 무엇인지 쓰시오.

> 부산에서는 아직 사람들이 반팔 옷을 입는데 거기는 날씨가 춥니?

> 평창은 아침저녁으로 날씨가 서늘해서 외투를 걸치고 다녀.

▲ 부산광역시에 사는 수민 　　▲ 강원도 평창군에 사는 지훈

_____

_____

5 ➕ 11종 공통

다음과 같은 의생활 모습을 볼 수 있는 계절은 언제인지 쓰시오.

( )

6 ✚ 11종 공통

세계 여러 고장 사람들의 의생활 모습이 다양하게 나타나는 까닭은 무엇입니까? (   )

① 각 고장의 날씨가 달라서
② 각 고장의 이름이 달라서
③ 각 고장의 인구가 달라서
④ 각 고장 사람들의 성격이 달라서
⑤ 각 고장에 있는 옷 공장의 크기가 달라서

7 미래엔, 비상교육 외

다음과 같은 의생활 모습이 나타나는 고장의 자연환경으로 알맞은 것은 어느 것입니까? (   )

① 사막이 있다.
② 높은 산이 있다.
③ 춥고 눈이 많이 온다.
④ 덥고 비가 많이 내린다.
⑤ 일 년 내내 얼음으로 덮여 있다.

8 비상교과서, 천재교육 외

다음과 같은 자연환경을 가진 고장 사람들의 의생활 모습으로 알맞은 것은 어느 것입니까? (   )

▲ 춥고 눈이 많이 오는 고장

① 챙이 넓은 모자를 쓴다.
② 반팔 옷과 반바지를 입는다.
③ 발이 시원한 샌들을 신는다.
④ 바람이 잘 통하는 긴 옷을 입는다.
⑤ 동물의 털과 가죽으로 만든 두꺼운 옷을 입는다.

9 비상교과서, 천재교육 외

페루와 같이 낮과 밤의 기온차가 큰 고장에 사는 사람들의 옷차림으로 알맞은 것을 골라 ○표 하시오.

(1) (   )   (2) (   )

10 아이스크림, 천재교육 외

바다가 있는 고장에서 발달한 음식을 보기 에서 모두 골라 기호를 쓰시오.

보기
ㄱ 대게찜   ㄴ 호두과자
ㄷ 꼬막무침   ㄹ 감자옹심이

(   )

11 미래엔, 비상교과서 외

다음 지도에서 메밀 막국수가 발달한 고장을 찾아 이름을 쓰시오.

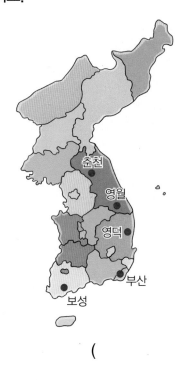

(   )

12 ✚ 11종 공통

세계 여러 고장 중 날씨가 덥고 습한 고장에서 발달한 음식은 어느 것입니까? (   )

① ▲ 초밥

② ▲ 파인애플 볶음밥

③ ▲ 치즈 퐁뒤

④ ▲ 파스타

13 서술형   비상교과서, 천재교육 외

세계 여러 고장 중 날씨가 추운 고장에서 볼 수 있는 식생활 모습을 한 가지만 쓰시오.

_____

_____

14 ✚ 11종 공통

다음 (   ) 안에 들어갈 알맞은 음식을 쓰시오.

> 세계 여러 고장 중 산지가 많은 고장에서는 젖소를 많이 키워 우유나 (   )을/를 이용한 음식이 많습니다.

(   )

15 ✚ 11종 공통

세계 여러 고장 중 바다로 둘러싸인 고장에서 발달한 음식은 어느 것입니까? (   )

① 산나물을 이용한 음식
② 고기나 생선을 말린 음식
③ 해산물을 이용해 만든 음식
④ 여러 소스를 곁들여 만든 파스타
⑤ 여러 종류의 치즈를 이용한 음식

16 서술형 ➕ 11종 공통

고장마다 주생활 모습이 다른 까닭을 쓰시오.

_____

_____

17 미래엔, 아이스크림 외

다음과 같은 집을 지었던 고장의 자연환경으로 알맞은 것은 어느 것입니까? ( )

▲ 너와집

① 덥고 습하다.
② 비가 많이 온다.
③ 주변에 산이 많다.
④ 가까이에 사막이 있다.
⑤ 단단하지 않은 바위가 많다.

18 비상교육, 천재교육 외

다음에서 설명하는 집을 무엇이라고 하는지 쓰시오.

> 여름철에 홍수로 집이 물에 잠길 위험이 있는 고장에서 땅 위에 터를 돋우어 높은 곳에 지은 집을 말합니다.

( )

19 동아출판, 천재교육 외

몽골 사람들이 다음과 같은 집에 사는 까닭은 무엇입니까? ( )

① 바위가 단단하지 않아서
② 사람들의 수가 점점 늘어나서
③ 이동에 편리한 집이 필요해서
④ 눈이 집 안으로 들어오는 것을 막으려고
⑤ 주변 숲에서 쉽게 통나무를 구할 수 있어서

20 미래엔, 비상교과서 외

터키에서 다음과 같은 집을 볼 수 있는 까닭은 무엇입니까? ( )

① 가뭄이 심해서
② 눈이 많이 와서
③ 비가 많이 와서
④ 바위가 단단하지 않아서
⑤ 바다로 둘러싸여 있어서

[1-2] 다음 사진을 보고, 물음에 답하시오.

㉠

▲ 산

㉡

▲ 눈

㉢

▲ 우박

㉣

▲ 바다

1 ➕ 11종 공통

위 ㉠~㉣과 같은 환경을 통틀어 무엇이라고 하는지 쓰시오.

(   )

2 ➕ 11종 공통

위 ㉠~㉣을 다음 기준에 맞게 구분하여 기호를 쓰시오.

(1) 땅의 생김새와 관련된 환경: (   )
(2) 날씨에 영향을 주는 환경: (   )

3 ➕ 11종 공통

자연환경과 고장 사람들이 자연환경을 이용하는 모습이 <u>잘못</u> 짝지어진 것은 어느 것입니까? (   )

① 산: 스키장을 만든다.
② 산: 나물이나 약초를 얻는다.
③ 들: 염전을 만들어 소금을 얻는다.
④ 바다: 배가 드나들 수 있는 항구를 짓는다.
⑤ 하천: 댐을 만들어 물을 생활용수와 공업용수로 이용한다.

4 ➕ 11종 공통

다음 중 인문환경이 <u>아닌</u> 것은 어느 것입니까?

(   )

①
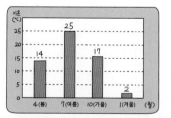
▲ 논

②
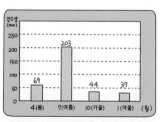
▲ 하천

③

▲ 과수원

④
▲ 공원

5 아이스크림, 천재교육 외

다음 그래프를 보고 도영이네 고장의 날씨에 대해 설명한 것으로 알맞지 <u>않은</u> 것은 어느 것입니까?

(   )

▲ 도영이네 고장의 평균 기온   ▲ 도영이네 고장의 평균 강수량

① 계절에 따라 날씨가 달라진다.
② 일 년 내내 강수량이 비슷하다.
③ 겨울에는 춥고 눈이 내리기도 한다.
④ 봄, 여름, 가을, 겨울 사계절이 있다.
⑤ 여름에는 기온이 높고 비가 많이 온다.

6 ➕ 11종 공통

산이 많은 고장에 사는 사람들이 주로 하는 일을 보기 에서 모두 골라 기호를 쓰시오.

> **보기**
> ㉠ 버섯을 기른다.
> ㉡ 스키장이나 썰매장을 운영한다.
> ㉢ 굴, 김, 미역, 다시마 등을 기른다.
> ㉣ 목장에서 소나 양을 길러 고기와 우유를 얻는다.

(   )

7 ➕ 11종 공통

논과 밭이 있는 고장에 사는 사람들이 주로 하는 일이 아닌 것은 어느 것입니까? (   )

① 농기계를 팔거나 고쳐준다.
② 논과 밭을 만들어 농사를 짓는다.
③ 농업 기술을 연구하고 알려 준다.
④ 양식장에서 김, 미역 등을 기른다.
⑤ 비닐하우스에서 채소와 과일을 재배한다.

8 서술형 ➕ 11종 공통

다음 그림과 같은 고장에 사는 사람들이 인문환경을 이용해서 하는 일을 두 가지 쓰시오.

_____

_____

9 미래엔, 비상교육 외

여가 생활에 대한 설명으로 옳지 않은 것은 어느 것입니까? (   )

① 남는 시간에 하는 자유로운 활동이다.
② 인문환경을 이용해 여가 생활을 한다.
③ 자연환경을 이용해 여가 생활을 한다.
④ 스스로 즐거움을 얻고자 하는 활동이다.
⑤ 자신이 살고 있는 고장에서만 하는 활동이다.

10 ➕ 11종 공통

인문환경을 이용한 여가 생활로 알맞지 않은 것은 어느 것입니까? (   )

①
▲ 박물관 견학

②
▲ 영화 관람

③
▲ 패러글라이딩

④
▲ 공원 산책

11 ➕ 11종 공통

다음에서 설명하는 무엇인지 쓰시오.

> 다양한 환경으로부터 몸을 보호하고 체온을 유지하기 위해 필요한 옷, 활동에 필요한 영양소와 힘을 얻기 위해 필요한 음식, 안전하고 편안하게 쉬기 위해 필요한 집을 말합니다.

(   )

12 ➕ 11종 공통

사람이 살아가기 위해서 음식이 필요한 까닭으로 알맞은 것은 어느 것입니까? (   )

① 편안하게 쉬기 위해서
② 영양소와 힘을 얻기 위해서
③ 더위와 추위를 피하기 위해서
④ 무서운 동물들을 피하기 위해서
⑤ 자신의 개성을 표현하기 위해서

13 서술형 ➕ 11종 공통

날씨가 더울 때 볼 수 있는 고장 사람들의 의생활 모습을 두 가지 쓰시오.

_____

_____

14 미래엔, 비상교육 외

사막에 사는 사람들이 긴 옷을 입고 머리에 천을 둘러 감는 까닭은 무엇입니까? (   )

① 비를 피하기 위해서
② 습기를 막기 위해서
③ 추위를 이겨 내기 위해서
④ 몸을 따뜻하게 보호하기 위해서
⑤ 뜨거운 햇볕과 모래바람을 막기 위해서

15 비상교과서, 천재교육 외

다음과 같은 옷차림을 볼 수 있는 고장의 모습으로 알맞은 것은 어느 것입니까? (   )

> 낮의 뜨거운 햇볕을 막고 밤의 추위를 견디려고 망토와 같은 긴 옷을 걸치고 모자를 씁니다.

① ▲ 베트남

② ▲ 사우디아라비아

③ ▲ 캐나다

④ ▲ 페루

16 ➕ 11종 공통

다음 음식들의 주된 재료를 자연에서 쉽게 얻을 수 있는 고장은 어디입니까? (　　　)

▲ 꼬막무침

▲ 대게찜

① 계곡이 있는 고장
② 바다가 있는 고장
③ 산지가 많은 고장
④ 넓은 들이 있는 고장
⑤ 높은 건물이 모여 있는 고장

17 서술형　비상교과서, 천재교육 외

다음과 같은 음식이 발달한 고장의 자연환경을 쓰시오.

▲ 쌀국수

▲ 파인애플 볶음밥

_____

_____

18 비상교과서, 비상교육 외

비가 적게 내리는 고장에서 지은 이동하기 편리한 집은 어느 것입니까? (　　　)

① 게르　　　② 이즈바　　　③ 이글루
④ 동굴 집　　⑤ 수상 가옥

[19-20] 다음 사진을 보고, 물음에 답하시오.

㉠ 　　㉡

㉢ 　　㉣

19 미래엔, 천재교육 외

위 ㉠~㉣ 중 여름철에 홍수로 집이 물에 잠길 위험이 있는 고장에서 지었던 집을 골라 기호를 쓰시오.

(　　　　　　)

20 미래엔, 천재교육 외

위 ㉠~㉣ 중 나무를 쉽게 구할 수 있는 고장에서 지었던 나뭇조각으로 지붕을 얹은 집의 기호를 고르고, 이름을 쓰시오.

(　　　　　　)

1
단원

● 정답과 풀이 24쪽

평가 주제	우리 고장의 계절별 특징과 생활 모습 설명하기
평가 목표	우리 고장의 계절별 특징과 생활 모습을 설명할 수 있다.

[1-2] 다음은 고장의 평균 기온과 평균 강수량을 나타낸 그래프입니다. 물음에 답하시오.

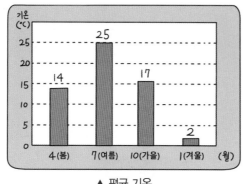

▲ 평균 기온

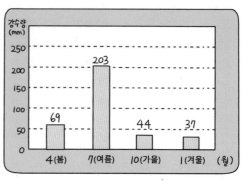

▲ 평균 강수량

1 위 그래프를 보고, ㉠과 ㉡에 들어갈 알맞은 달을 쓰시오.

⑴ 기온이 가장 높은 달은 (㉠   )월이고, 기온이 가장 낮은 달은 (㉡   )월입니다.

⑵ 강수량이 가장 많은 달은 (㉠   )월이고, 강수량이 가장 적은 달은 (㉡   )월입니다.

2 위 그래프를 통해 알 수 있는 고장 사람들의 계절별 생활 모습을 각각 한 가지씩 쓰시오.

⑴ 여름: ＿＿＿＿＿＿＿＿＿＿＿＿＿＿＿＿＿＿＿＿＿＿＿＿＿＿＿＿＿＿＿＿＿＿＿

＿＿＿＿＿＿＿＿＿＿＿＿＿＿＿＿＿＿＿＿＿＿＿＿＿＿＿＿＿＿＿＿＿＿＿＿＿＿＿

⑵ 겨울: ＿＿＿＿＿＿＿＿＿＿＿＿＿＿＿＿＿＿＿＿＿＿＿＿＿＿＿＿＿＿＿＿＿＿＿

＿＿＿＿＿＿＿＿＿＿＿＿＿＿＿＿＿＿＿＿＿＿＿＿＿＿＿＿＿＿＿＿＿＿＿＿＿＿＿

● 정답과 풀이 24쪽

1
단원

| 평가 주제 | 세계 여러 고장 사람들의 식생활 모습 설명하기 |
| 평가 목표 | 고장의 자연환경에 따라 다른 식생활 모습을 설명할 수 있다. |

[1-2] 다음 세계 여러 고장의 다양한 음식을 보고, 물음에 답하시오.

(가)

▲ 치즈 퐁뒤

(나)

▲ 감자 옹심이

(다)

▲ 쌀국수

(라)

▲ 말린 고기

(마)

▲ 초밥

(바)

▲ 파인애플 볶음밥

1 다음과 같은 고장에서 볼 수 있는 식생활 모습을 위에서 골라 기호를 쓰시오.

(1) 산지가 많고 날씨가 서늘해 감자를 많이 심는 고장: (   )

(2) 바다로 둘러싸인 고장: (   )

(3) 덥고 비가 많이 내리는 고장: (   )

2 위 (라)와 같은 음식이 발달한 까닭을 고장의 자연환경에서 나타나는 특징과 관련지어 쓰시오.

_____

_____

🖊 빈칸에 알맞은 답을 쓰세요.

1 돌을 깨뜨려 도구를 만들어 쓰던 시대의 사람들은 추위나 동물의 공격을 피해 (   )(이)나 바위 그늘에서 살았습니다.

2 돌을 갈아서 도구를 만들어 쓰던 시대의 사람들은 흙으로 그릇을 만들고, (   )을/를 만들어서 실을 뽑았습니다.

3 (   )은/는 귀하고 다루기 어려워서 무기나 장신구, 제사를 지내는 도구를 만드는 데 주로 사용했습니다.

4 (농경문 청동기 , 청동 거울)에는 농사짓는 모습이 새겨져 있어서 당시의 생활 모습을 알 수 있습니다.

5 소를 이용하는 농사 도구로, 힘을 덜 들이고 논이나 밭을 고를 수 있는 도구는 무엇입니까?

6 옛날 사람들은 갈판에 음식 재료를 올리고 (   )(으)로 갈았습니다.

7 음식을 요리할 때 사용하는 도구는 '토기 → (   ) → 가마솥 → 전기밥솥'의 순서로 발달했습니다.

8 옛날에는 (가락바퀴 , 뼈바늘)을/를 사용하여 식물의 줄기를 꼬아서 실을 만들었습니다.

9 옛날에 사람들이 땅을 파서 기둥을 세우고 풀, 갈대, 짚 등으로 지붕을 덮어 만든 집은 무엇입니까?

10 (   )은/는 불에 잘 타지 않고, 썩지 않아서 지붕을 오랜 시간 바꾸지 않고 살 수 있었습니다.

✏ 빈칸에 알맞은 답을 쓰세요.

1 돌을 깨뜨려 도구를 만들어 쓰던 시대의 사람들은 먹을 것을 구하기 위해 ( ) 생활을 했습니다.

2 옛날 사람들은 먹을 것이 풍부한 강가나 해안가에 모여 ( ) 을/를 짓고 살기 시작했습니다.

3 (청동 , 철)(으)로 검, 갑옷 등의 무기를 만들면서 전쟁이 활발해 졌습니다.

4 철로 만든 단단하고 날카로운 농사 도구 덕분에 한 사람이 갈 수 있는 논밭의 넓이와 수확하는 ( )의 양이 늘어났습니다.

5 오늘날에는 (콤바인 , 트랙터)을/를 사용하여 곡식을 수확하고 낟알을 빠르게 분리할 수 있습니다.

6 음식 재료를 가는 도구 중 재료를 넣고 손잡이를 돌려서 가는 도구는 무엇입니까?

7 옛날에는 (물레 , 베틀)에 실을 올려놓고 서로 엮어서 옷감을 만들었습니다.

8 바느질을 해 주는 기계로, 빠르고 정확하게 옷감을 꿰매는 도구는 무엇입니까?

9 볏짚을 엮어 지붕을 만들고, 나무와 흙으로 벽을 만든 집은 무엇입니까?

10 오늘날에는 주로 철근과 콘크리트로 만든 주택, ( ) 등에서 생활합니다.

1 ➕ 11종 공통

오른쪽 사진과 같은 도구를 사용했던 옛날 사람들의 생활 모습으로 알맞은 것은 어느 것입니까?

( )

▲ 주먹도끼

① 가축을 기르며 농사를 지었다.
② 청동으로 만든 그릇을 사용했다.
③ 돌을 갈아서 만든 도구를 사용했다.
④ 주로 동굴이나 바위 그늘에서 살았다.
⑤ 철로 만든 무기를 사용하여 전쟁을 했다.

2 ➕ 11종 공통

다음에서 설명하는 도구의 이름을 쓰시오.

- 돌을 갈아서 도구를 만들어 쓰던 시대의 사람들이 사용하던 물건입니다.
- 실을 뽑는 데 사용했습니다.

( )

3 ➕ 11종 공통

청동으로 만든 도구를 사용하던 당시의 생활 모습을 알 수 있는 물건이 <u>아닌</u> 것은 어느 것입니까? ( )

①

②

③

④

4 ➕ 11종 공통

철로 만든 도구를 사용한 시대 사람들의 생활 모습으로 알맞은 것은 어느 것입니까? ( )

① 전쟁이 사라졌다.
② 농업이 크게 발달했다.
③ 청동을 농사 도구로 사용하게 되었다.
④ 빗살무늬 토기에 음식을 담아 먹었다.
⑤ 철은 귀해서 제사를 지내는 도구로만 사용했다.

5 서술형 ➕ 11종 공통

다음과 같은 농사 도구를 사용하면서 달라진 사람들의 생활 모습을 한 가지만 쓰시오.

▲ 콤바인

▲ 트랙터

_____

_____

6 ➕ 11종 공통

옛날에 곡식을 수확할 때 사용했던 도구는 어느 것입니까? ( )

① 고인돌
② 돌괭이
③ 가락바퀴
④ 반달 돌칼
⑤ 빗살무늬 토기

[7-9] 다음 사진을 보고, 물음에 답하시오.

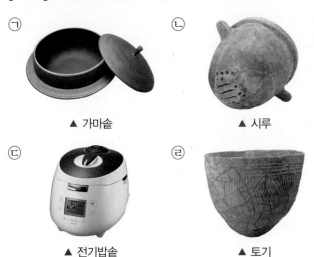

ㄱ ▲ 가마솥 ㄴ ▲ 시루
ㄷ ▲ 전기밥솥 ㄹ ▲ 토기

7 ➕ 11종 공통

위 ㄱ~ㄹ 중 철로 만든 뚜껑을 덮어 음식을 골고루 익혀 먹을 때 사용하던 도구를 골라 기호를 쓰시오.

( )

8 미래엔, 천재교육 외

위 ㄱ~ㄹ을 음식을 요리할 때 사용하는 도구의 발달 순서대로 알맞게 나열한 것은 어느 것입니까?

( )

① ㄱ → ㄴ → ㄷ → ㄹ ② ㄱ → ㄴ → ㄹ → ㄷ
③ ㄴ → ㄹ → ㄱ → ㄷ ④ ㄹ → ㄱ → ㄴ → ㄷ
⑤ ㄹ → ㄴ → ㄱ → ㄷ

9 서술형 ➕ 11종 공통

위 **8**번 답과 같이 음식을 만드는 도구가 발달하면서 사람들의 생활 모습은 어떻게 달라졌는지 쓰시오.

_____

10 ➕ 11종 공통

옷감이나 실을 만드는 도구의 발달 과정에 맞게 ( ) 안에 들어갈 알맞은 도구를 쓰시오.

가락바퀴 → 물레, 베틀 → ( )

( )

11 ➕ 11종 공통

다음 중 땅을 파서 기둥을 세우고 풀, 갈대, 짚 등으로 지붕을 덮어 만든 집은 무엇입니까? ( )

① ▲ 기와집 ② ▲ 초가집

③ ▲ 움집 ④ ▲ 아파트

12 미래엔, 천재교육 외

기와집에 살았던 사람들의 생활 모습으로 알맞지 <u>않은</u> 것은 어느 것입니까? ( )

① 안채, 사랑채로 나누어 사용했다.
② 사랑채에서는 남자들이 머물렀다.
③ 사랑채에서 찾아온 손님을 맞이했다.
④ 집의 안채에서는 주로 여자들이 생활했다.
⑤ 부엌, 화장실 등이 집 안에 있어 한 공간에서 다양한 생활을 할 수 있었다.

✏️ 빈칸에 알맞은 답을 쓰세요.

1 명절날에 하는 일과 놀이, 먹는 음식, 입는 옷과 같이 일정한 날이나 계절에 반복하는 우리 고유의 풍속을 무엇이라고 합니까?

- -

2 (   )은/는 새해의 첫 보름달이 뜨는 날로, 풍년을 바라며 오곡밥을 먹고 부럼을 깨 먹었습니다.

- -

3 우리 조상들은 단오에 여름을 시원하게 지내라고 (달력 , 부채)을/를 선물했습니다.

- -

4 (   )은/는 일 년 중 가장 더운 시기인 초복, 중복, 말복을 말합니다.

- -

5 우리 조상들은 동지에 나쁜 기운을 쫓는다는 의미로 (   )을/를 만들어 먹었습니다.

- -

6 추석에 친척들과 차례를 지내고 조상들께 (   )을/를 하던 풍속은 오늘날까지 이어져 오고 있습니다.

- -

7 오늘날에는 (   )와/과 관련된 세시 풍속이 많이 사라졌습니다.

- -

8 오늘날까지 이어지고 있는 세시 풍속으로, 겨울 동안 먹을 김치를 한꺼번에 담그는 세시 풍속을 무엇이라고 합니까?

- -

9 (윷놀이 , 제기차기)에는 풍년을 바라는 마음이 담겨 있으며, 놀이를 하며 운세를 점치기도 했습니다.

- -

10 옛날에는 설날에 집 벽에 (   )을/를 걸어 두는 풍속이 있었습니다.

🖉 빈칸에 알맞은 답을 쓰세요.

1 설날, 추석, 정월 대보름, 동지 등 옛날부터 해마다 즐기거나 기념하는 날을 (   )(이)라고 합니다.

---

2 (삼복 , 한식)은 차가운 음식을 먹는 날로, 밭에 씨를 뿌리는 시기입니다.

---

3 우리 조상들은 단오에 나쁜 기운을 쫓는다는 의미로 (   )에 머리를 감았습니다.

---

4 추석에는 한 해 동안 농사하며 거둔 곡식과 과일로 조상들께 (   )을/를 지내고 성묘를 했습니다.

---

5 동지는 일 년 중 밤이 가장 (긴 , 짧은) 날로, 한 해를 마무리하고 새해를 맞이하는 명절입니다.

---

6 옛날과 오늘날 모두 설날에 차례를 지내고 어른들께 (   )을/를 하는 풍속이 있습니다.

---

7 옛날에는 일정한 날이나 계절에 (알맞은 , 상관없이) 놀이를 즐기고 음식을 먹었습니다.

---

8 오늘날에도 추석에 조상들께 차례를 지내고 (   )와/과 햇과일을 먹습니다.

---

9 우리 조상들은 정월 대보름에 (   )을/를 하며 달집이 타는 모습이나 쓰러지는 방향을 보고 한 해의 농사를 점쳤습니다.

---

10 우리 조상들은 복조리 속에 돈이나 엿을 넣어 두면 더 많은 (   )을/를 받을 수 있다고 생각했습니다.

2 단원

1 ➕ 11종 공통

다음 (　) 안에 들어갈 알맞은 말을 쓰시오.

> (　　　)은/는 설날, 추석, 정월 대보름, 동지 등 옛날부터 해마다 즐기거나 기념하는 날을 말합니다.

(　　　　　　　　　　)

2 ➕ 11종 공통

다음 중 설날에 주로 하는 일이 <u>아닌</u> 것은 어느 것입니까? (　　　)

① 차례를 지낸다.
② 태극기를 단다.
③ 한복을 입는다.
④ 웃어른께 세배를 드린다.
⑤ 윷놀이, 연날리기 등 전통 놀이를 즐긴다.

3 서술형 ➕ 11종 공통

우리나라 세시 풍속의 특징을 두 가지 쓰시오.

_____

_____

4 ➕ 11종 공통

단오의 세시 풍속으로 알맞지 <u>않은</u> 것은 어느 것입니까? (　　　)

① 그네뛰기
② 토란국 먹기
③ 부채 선물하기
④ 수리취떡 먹기
⑤ 창포물에 머리 감기

5 ➕ 11종 공통

우리 조상들이 삼복에 더위를 이겨 내기 위해 먹었던 음식은 무엇입니까? (　　　)

①

▲ 팥죽

②

▲ 닭백숙

③

▲ 오곡밥

④

▲ 송편

6 아이스크림, 천재교육 외

다음은 우리 조상들이 추석에 즐겼던 세시 풍속에 대한 글입니다. 알맞지 <u>않은</u> 것은 어느 것입니까?

(　　　)

> 추석에는 ①한 해 동안 농사하며 거둔 곡식과 과일을 수확하고 ②조상들께 감사의 의미로 차례를 지내고 ③성묘했습니다. 그리고 ④마을 사람들이 모여 강강술래, 씨름 등의 놀이를 즐겼으며, ⑤보름달 아래에서 달집태우기를 하며 농사가 잘되기를 빌었습니다.

7 아이스크림, 천재교육 외

다음 중 우리 조상들이 동지에 세시 풍속을 즐기던 모습으로 알맞은 것은 어느 것입니까? (   )

①
▲ 송편 먹기

②
▲ 창포물에 머리 감기

③
▲ 팥죽 먹기

④
▲ 성묘하기

8 ➕ 11종 공통

옛날부터 오늘날까지 이어지고 있는 추석의 세시 풍속을 보기 에서 모두 골라 기호를 쓰시오.

보기
㉠ 송편과 햇과일을 먹는다.
㉡ 창포물에 머리를 감는다.
㉢ 보름달을 보며 소원을 빈다.
㉣ 더위를 피해 시원한 계곡으로 놀러 간다.
㉤ 친척들과 차례를 지내고 조상들께 성묘를 한다.

(   )

9 서술형 ➕ 11종 공통

옛날과 오늘날 세시 풍속의 차이점을 한 가지만 쓰시오.

_____

10 ➕ 11종 공통

옛날부터 전해 내려오는 세시 풍속이 달라진 까닭으로 알맞은 것을 보기 에서 모두 골라 기호를 쓰시오.

보기
㉠ 직업이 다양해져서
㉡ 농사짓는 사람이 많아져서
㉢ 교통과 통신, 과학이 발달해서
㉣ 일할 때 날씨와 계절의 영향을 적게 받아서

(   )

11 동아출판, 아이스크림 외

윷놀이에 대해 바르게 설명하지 못한 친구는 누구입니까? (   )

① 지민: 남녀노소 누구나 즐길 수 있어.
② 유리: 장소에 크게 영향을 받지 않아.
③ 승준: 주로 상달에 즐기던 전통 놀이야.
④ 강석: 윷놀이를 하며 운세를 점치기도 했어.
⑤ 미란: 윷을 던져 나온 결과에 따라 윷말을 옮겨.

12 김영사, 아이스크림 외

옛날 사람들이 설날에 복이 많이 들어오기를 빌며 즐겼던 세시 풍속은 무엇입니까? (   )

① 떡국 먹기   ② 한복 입기
③ 달집태우기   ④ 소먹이놀이
⑤ 복조리 걸어 두기

1 ➕11종 공통

다음 ( ) 안에 들어갈 알맞은 말을 두 가지 고르시오. (,)

> 옛날 사람들은 주로 ( )에서 살다가 시간이 흐른 뒤에 먹을거리가 풍부한 강가나 바닷가에 모여 살기 시작했습니다.

① 동굴
② 움집
③ 이즈바
④ 초가집
⑤ 바위 그늘

2 ➕11종 공통

돌을 갈아서 도구를 만들어 쓰던 시대의 생활 모습이 아닌 것은 어느 것입니까? ( )

① 가축을 길렀다.
② 농사를 지었다.
③ 쟁기를 사용하였다.
④ 흙으로 그릇을 만들었다.
⑤ 움집을 짓고 살기 시작했다.

3 미래엔, 천재교육 외

옛날 사람들이 다음과 같은 도구를 만들 때 사용한 금속은 무엇인지 쓰시오.

( )

4 서술형 ➕11종 공통

철로 만든 도구를 사용하면서 달라진 사람들의 생활 모습을 두 가지 쓰시오.

_____

_____

5 ➕11종 공통

농사 도구를 사용하는 모습과 쓰임새를 선으로 알맞게 연결하시오.

(1)
▲ 돌괭이

• • ㉠ 돌을 갈아서 곡식을 베었음.

(2)
▲ 반달 돌칼

• • ㉡ 나무 막대기 끝에 뾰족한 돌을 묶어 땅을 갈았음.

(3)
▲ 탈곡기

• • ㉢ 벼, 보리 등 곡식에서 낟알을 쉽게 얻을 수 있음.

6 ✚ 11종 공통

다음은 어떤 도구의 발달 과정을 나타낸 것입니까?
( )

① 땅을 가는 도구
② 옷감을 꿰매는 도구
③ 곡식을 수확하는 도구
④ 음식 재료를 가는 도구
⑤ 옷감이나 실을 만드는 도구

7 ✚ 11종 공통

다음 보기 는 음식을 요리할 때 사용하는 도구입니다. 가장 먼저 발달한 도구와 가장 나중에 발달한 도구를 골라 기호를 쓰시오.

(1) 가장 먼저 발달한 도구: ( )
(2) 가장 나중에 발달한 도구: ( )

8 미래엔, 천재교육 외

다음과 같은 도구의 발달로 달라진 사람들의 생활 모습으로 알맞은 것은 어느 것입니까? ( )

> 가락바퀴 → 물레, 베틀 → 방직기

① 사람과 물건이 이동하는 데 편리해졌다.
② 곡식을 수확하는 데 힘이 덜 들게 되었다.
③ 음식을 다양하게 만들어 먹을 수 있게 되었다.
④ 다양한 종류의 옷을 쉽고 빠르게 만들 수 있게 되었다.
⑤ 멀리 떨어져 있는 사람들과 자유롭게 소식을 주고받을 수 있게 되었다.

9 ✚ 11종 공통

초가집에 살던 사람들의 생활 모습으로 알맞은 것을 두 가지 고르시오. (,)

① 마당에 외양간이 있었다.
② 화장실은 방과 떨어져 있었다.
③ 안채와 사랑채 등으로 이루어져 있었다.
④ 하나의 방에서 도구를 손질하고 잠도 잤다.
⑤ 집 한가운데에 불을 피워 음식을 만들어 먹었다.

10 ✚ 11종 공통

아파트에 대하여 잘못 설명한 친구를 골라 이름을 쓰시오.

> • 동훈: 거실과 주방이 연결되어 있어.
> • 예리: 화장실이 집 밖에 있어서 불편해.
> • 종섭: 철근과 콘크리트로 만들어져서 튼튼해.
> • 희선: 높게 지어서 여러 층으로 나눈 집으로, 사람들이 많이 모여 살 수 있어.

( )

11 🟢 11종 공통

다음에서 설명하는 것은 무엇인지 쓰시오.

> 명절날에 하는 일과 놀이, 먹는 음식, 입는 옷과 같이 일정한 날이나 계절에 반복하는 우리 고유의 풍속을 말합니다.

(   )

12 서술형 🟢 11종 공통

우리 조상들이 정월 대보름에 다음과 같은 세시 풍속을 즐겼던 까닭을 쓰시오.

▲ 달집태우기

▲ 쥐불놀이

_____

_____

13 🟢 11종 공통

명절과 세시 풍속이 알맞게 짝지어진 것은 어느 것입니까? (   )

① 상달 – 닭백숙 먹기
② 한식 – 부럼 깨물기
③ 추석 – 부채 선물하기
④ 동지 – 차가운 음식 먹기
⑤ 단오 – 창포물에 머리 감기

14 🟢 11종 공통

다음과 같은 세시 풍속이 있었던 날은 무엇입니까?

(   )

▲ 닭백숙을 먹고 계곡에 놀러 가기

① 설날   ② 한식   ③ 단오
④ 삼복   ⑤ 상달

15 아이스크림, 천재교육 외

동지에 다음과 같은 세시 풍속을 즐긴 까닭은 무엇입니까? (   )

▲ 팥죽 만들어 먹기

① 풍년을 기원하기 위해서
② 나쁜 기운을 쫓기 위해서
③ 더위를 이겨 내기 위해서
④ 새해 소원을 빌기 위해서
⑤ 조상들께 감사한 마음을 나타내기 위해서

16 ➕ 11종 공통

우리 조상들이 가을에 즐겼던 세시 풍속으로 알맞은 것은 어느 것입니까? (　　　)

① 새해에 한 해의 풍년을 기원했다.
② 바쁜 농사일을 쉬며 무더위를 피했다.
③ 곡식과 과일을 거두고, 수확의 기쁨을 나누었다.
④ 더운 날씨를 이겨 내도록 맛있는 음식을 먹었다.
⑤ 조상의 산소를 찾아가 성묘하고, 농사일을 시작했다.

17 ➕ 11종 공통

계절에 따른 옛날의 세시 풍속에 담겨 있는 의미를 알맞게 설명한 친구를 골라 이름을 쓰시오.

> • 준호: 한 해 농사가 잘되기를 바라는 의미가 담겨 있어.
> • 슬기: 모든 사람이 평등하게 살기를 바라는 의미가 담겨 있어.
> • 준영: 다른 나라와의 전쟁에서 이기기를 바라는 의미가 담겨 있어.

(　　　　　　　　　)

18 ➕ 11종 공통

다음 대화를 읽고, 친구들이 설명하는 물건이 무엇인지 쓰시오.

우리 조상들은 단오에 이것을 주고받았어.

여름을 시원하게 지내라는 의미가 담겨있어.

(　　　　　　　　　)

19 ➕ 11종 공통

다음과 같은 전통 놀이를 할 때 한 번에 윷말을 가장 많이 움직일 수 있는 경우는 무엇입니까? (　　　)

①
②
③
④
⑤

20 서술형　김영사, 아이스크림 외

다음과 관련된 설날에 복이 많이 들어오기를 빌며 즐겼던 세시 풍속은 무엇인지 쓰시오.

_____

_____

평가 주제	옷을 만드는 도구의 변화 설명하기
평가 목표	옷을 만드는 도구의 발달과 생활 모습의 변화에 대해서 서술할 수 있다.

[1-3] 다음 옷을 만드는 도구를 보고, 물음에 답하시오.

▲ 방직기

▲ (   )

▲ 쇠바늘

▲ 물레

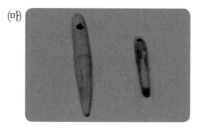
▲ 뼈바늘

▲ 가락바퀴

1 위 ㈏에 대한 설명을 읽고, (   ) 안에 들어갈 알맞은 도구를 쓰시오.

> 바느질을 해 주는 기계로, 빠르고 정확하게 옷감을 꿰맬 수 있습니다.

(   )

2 위에서 옷감이나 실을 만드는 도구를 모두 찾아 발달한 순서대로 기호를 쓰시오.

(   ) → (   ) → (   )

3 위와 같이 옷을 만드는 도구가 발달하면서 달라진 사람들의 생활 모습을 쓰시오.

_____

_____

평가 주제	옛날과 오늘날의 세시 풍속 비교하기
평가 목표	옛날과 오늘날의 세시 풍속을 비교하여 설명할 수 있다.

[1-2] 다음 옛날과 오늘날의 세시 풍속을 보고, 물음에 답하시오.

옛날	 ▲ 친척들과 차례를 지내고, 송편과 햇과일을 먹었습니다.	 ▲ 마을 사람들과 소먹이놀이와 농악을 즐겼습니다.	 ▲ 산에 올라 달을 보고 소원을 빌었습니다.
오늘날	 ▲ 친척들과 차례를 지내고, 송편과 햇과일을 먹습니다.	 ▲ 민속 마을에 가서 전통 놀이를 체험합니다.	 ▲ 보름달을 보고 소원을 빕니다.

1 옛날과 오늘날에 위와 같은 세시 풍속을 볼 수 있는 우리나라의 대표적인 명절을 쓰시오.

(   )

2 위의 옛날과 오늘날의 세시 풍속을 보고, 옛날과 오늘날 세시 풍속의 공통점과 차이점을 쓰시오.

공통점	• 가족의 건강과 복을 바라는 마음으로 세시 풍속을 즐깁니다. • _____
차이점	• 옛날에는 일정한 계절이나 날에 알맞은 놀이를 즐기고 음식을 먹었습니다. • _____

✏️ 빈칸에 알맞은 답을 쓰세요.

1 부부, 형제자매, 조부모 등으로 이루어진 집단을 (   )(이)라고 합니다.

2 옛날에 결혼식을 마치고 신랑의 집에 도착한 신부는 신랑의 집안 어른들께 첫인사로 (폐백 , 혼례)을/를 드렸습니다.

3 옛날과 오늘날의 결혼식 모습은 달라도 사람들에게 두 사람이 (   )이/가 된 것을 알린다는 점은 같습니다.

4 결혼하지 않은 자녀와 부모가 함께 사는 가족을 무엇이라고 합니까?

5 옛날에는 주로 (   )을/를 지어 일할 사람이 많이 필요했기 때문에 자녀가 결혼을 해도 부모와 함께 사는 경우가 많았습니다.

6 옛날에 (   )은/는 농사를 짓거나 나라의 큰일에 참여하는 등 주로 바깥일을 했습니다.

7 오늘날에는 남녀의 (   ) 구분이 없어지고, 남녀 모두 교육받을 기회가 동등해졌습니다.

8 오늘날에는 남녀가 (   )하다는 의식이 높아지면서 가족 구성원의 역할이 변했습니다.

9 가족 구성원 간의 갈등을 해결하기 위해서는 서로의 생각을 이해하고 (   )하는 것이 필요합니다.

10 행복한 가정을 만들기 위해서는 문제가 생겼을 때 (   )을/를 나누며 협력하고 함께 해결해야 합니다.

1 가족은 (   ), 출생, 입양 등으로 만들어집니다.

- -

2 옛날에 신랑은 혼례를 치르기 위해 (   )을/를 가지고 신부의 집으로 말을 타고 갔습니다.

- -

3 오늘날의 결혼식에서 신랑과 신부가 주고받는 것은 무엇입니까?

- -

4 결혼한 자녀와 부모가 함께 사는 가족을 (   ) 가족이라고 합니다.

- -

5 (옛날 , 오늘날)에는 취업이나 교육을 위해 다른 지역으로 이사를 가는 경우가 늘어났습니다.

- -

6 옛날에는 (남자 , 여자)가 주로 집안일을 했습니다.

- -

7 오늘날 집안의 중요한 일은 가족 구성원이 (   )하여 함께 결정합니다.

- -

8 옛날과 달리 오늘날에는 남녀 모두 (   )받을 기회가 동등해지면서 가족 구성원의 역할이 변화했습니다.

- -

9 부모가 어린 자녀를 돌보기 어려울 때 아이를 돌보는 일을 하는 직업은 (육아 도우미 , 요양 보호사)입니다.

- -

10 행복한 가정을 만들기 위해서는 가족 구성원으로서 자신의 역할을 알고 (   )해야 합니다.

1 ⊕ 11종 공통

다음 (　　) 안에 공통으로 들어갈 말을 쓰시오.

> • (　　　)은/는 부부, 형제자매, 조부모 등으로 이루어진 집단을 말합니다.
> • (　　　)은/는 결혼, 출생, 입양 등으로 만들어 집니다.

(　　　　　　　　　　)

2 ⊕ 11종 공통

다음 ㉠~㉣을 옛날의 결혼식 순서에 맞게 기호를 쓰시오.

▲ 혼례 치르기

▲ 폐백 드리기

▲ 신부의 집으로 이동하기

▲ 신랑의 집으로 이동하기

(　　　) → (　　　) → (　　　) → (　　　)

3 ⊕ 11종 공통

다음은 옛날의 결혼식 모습에 대한 설명입니다. (　　) 안에 공통으로 들어갈 물건은 무엇입니까? (　　)

> • 신랑이 혼례를 치르기 위해 (　　　)을/를 가지고 신부의 집으로 말을 타고 갑니다.
> • 신랑이 (　　　)을/를 혼례상에 놓으면 혼례가 시작됩니다.

① 돈
② 밤
③ 대추
④ 결혼반지
⑤ 나무 기러기

4 서술형 ⊕ 11종 공통

오늘날 결혼식에서 볼 수 있는 전통 혼례의 모습은 무엇인지 쓰시오.

_____

_____

5 ⊕ 11종 공통

가족의 형태와 뜻을 선으로 알맞게 연결하시오.

(1) 핵가족　•

(2) 확대 가족　•

• ㉠ 결혼한 자녀와 부모가 함께 사는 가족

• ㉡ 결혼하지 않은 자녀와 부모가 함께 사는 가족

6 ⊕ 11종 공통

다음 중 가족의 형태가 핵가족인 친구를 골라 이름을 쓰시오.

> • 영윤: 나는 할머니, 아버지, 어머니와 함께 살아.
> • 지수: 나는 할아버지, 할머니, 어머니 그리고 남동생과 살고 있어.
> • 온유: 나는 아버지, 어머니와 함께 살고, 형과 누나, 여동생도 함께 살아.

(　　　　　　　　　　)

7 비상교과서, 천재교육 외

오늘날에 핵가족이 늘어난 까닭으로 알맞지 <u>않은</u> 것은? ( )

①
취업을 위해 이사를 했어요.

②
아이의 교육을 위해 초등 학교 근처로 이사했어요.

③
개인 생활을 위해 독립했어요.

④
농사를 짓기 위해 아들 부부, 손자와 함께 살아요.

8 ✚ 11종 공통

옛날 가족 구성원의 역할로 알맞은 것은 어느 것입니까? ( )

① 바깥일은 주로 여자가 했다.
② 남녀가 평등하다는 의식이 높았다.
③ 남성과 여성의 역할 구분이 없었다.
④ 집안일을 가족 구성원 모두가 나누어 했다.
⑤ 가족의 중요한 일을 집안에서 나이 많은 어른이 결정했다.

9 ✚ 11종 공통

오늘날 가족 구성원의 역할에 대하여 <u>잘못</u> 말한 친구는 누구입니까? ( )

① 민주: 남녀의 역할 구분이 없어졌어.
② 준휘: 집안일은 남자들만 맡아서 해.
③ 명호: 사회 활동을 하는 여성이 늘어났어.
④ 현진: 부모가 모두 일하는 경우가 많아졌어.
⑤ 이서: 집안의 중요한 일을 가족 모두가 의논해서 결정해.

10 ✚ 11종 공통

다음 ( ) 안에 들어갈 알맞은 말을 쓰시오.

> 옛날과 달리 오늘날에는 남녀 모두 ( )받을 기회가 동등해지면서, 남녀 모두의 사회 활동 기회도 동등해졌습니다.

( )

11 서술형 ✚ 11종 공통

가족 구성원 사이의 갈등을 해결하기 위한 바람직한 자세를 쓰시오.

_____

_____

12 ✚ 11종 공통

행복한 가정을 만들기 위한 실천 방법으로 알맞지 <u>않은</u> 것은 어느 것입니까? ( )

① 저녁 식사 준비를 가족이 함께한다.
② 내가 할 수 있는 집안일을 스스로 한다.
③ 가족들과 대화하는 시간을 점차 줄인다.
④ 형제자매 간에 장난감을 서로 양보한다.
⑤ 문제가 생겼을 때는 협력하고 함께 해결한다.

3
단원

🖊 빈칸에 알맞은 답을 쓰세요.

1 결혼한 자녀와 부모가 함께 사는 가족을 ( )(이)라고 합니다.

2 부모님 중 한 분과 자녀만으로 이루어진 가족을 (재혼 , 한 부모) 가족이라고 합니다.

3 조부모님과 손자·손녀로만 이루어진 가족 형태를 무엇이라고 합니까?

4 (다양한 , 똑같은) 형태의 가족이 함께 살아가는 곳이 우리 사회입니다.

5 다른 가족이 겪는 어려움에 ( )을/를 가지는 것이 바람직한 태도입니다.

6 우리 가족뿐만 아니라 다른 가족도 소중하게 여기고 ( )하는 태도가 필요합니다.

7 다양한 가족의 생활 모습을 표현하는 방법을 두 가지 쓰시오.

8 다양한 가족의 생활 모습을 표현해 보면 각 가족이 사는 모습이 서로 (같다 , 다르다)는 것을 알 수 있습니다.

9 가족은 실수했을 때에도 이해해 주고 자신감과 용기를 가질 수 있도록 항상 ( )해 줍니다.

10 사람과 함께 살아가는 존재로 여기며 가까이 두고 감정을 교류하며 지내는 개, 고양이, 물고기 등을 ( )(이)라고 합니다.

✏️ 빈칸에 알맞은 답을 쓰세요.

1 결혼하지 않은 자녀와 부모가 함께 사는 가족의 형태를 무엇이라고 합니까?

2 조손 가족은 (   )와/과 손자·손녀로만 이루어진 가족을 말합니다.

3 부모님 중 한 분이 외국인인 가족을 (   ) 가족이라고 합니다.

4 오늘날에는 사회가 변화하면서 다양한 형태의 가족이 (늘어나고 , 줄어들고) 있습니다.

5 우리 사회에는 (다양한 , 똑같은) 형태의 가족들이 여러 가지 모습으로 함께 살아가고 있습니다.

6 다양한 가족이 모두 행복하게 지내기 위해서 다른 가족을 돕고 (무시 , 배려)합니다.

7 다양한 가족의 모습을 기자가 되어 (   )(으)로 소개할 수 있습니다.

8 가족들의 사는 모습은 달라도 가족 구성원끼리 사랑하고 아끼는 마음은 (다릅니다 , 똑같습니다).

9 우리는 가족과 생활하며 사회생활에 필요한 여러 가지 규칙과 (   )을/를 배웁니다.

10 가족의 형태가 달라도 그들의 가정은 그 가족 구성원들에게 중요한 쉼터이자 (   )입니다.

1 ⊕ 11종 공통

다음 중 확대 가족의 모습을 골라 ○표 하시오.

(1)   (2)

(   )   (   )

[2-3] 다음 보기 를 보고, 물음에 답하시오.

> **보기**
> ㉠ 입양을 통해 이루어진 가족
> ㉡ 부모님 중 한 분이 외국인인 가족
> ㉢ 부모님 중 한 분과 자녀만으로 이루어진 가족

2 ⊕ 11종 공통

다음은 어떤 가족의 모습인지 보기 에서 골라 기호를 쓰시오.

> 엄마와 오빠가 있어서 든든해요.

(   )

3 ⊕ 11종 공통

다음은 어떤 가족의 모습인지 보기 에서 골라 기호를 쓰시오.

> 우리 가족은 특별한 기념일이 하나 더 있어요. 제가 가족이 된 날을 기념하며 온 가족이 모여 축하해요. 우리는 늦게 가족이 되었지만, 서로 사랑하고 아껴요.

(   )

4 서술형 ⊕ 11종 공통

조손 가족은 어떤 형태의 가족인지 쓰시오.

_____

_____

5 ⊕ 11종 공통

오늘날의 가족 형태에 대한 설명으로 옳지 <u>않은</u> 것은 어느 것입니까? (   )

① 핵가족이 많아졌다.
② 다양한 형태의 가족이 있다.
③ 가족은 결혼으로만 만들어진다.
④ 부모님 중 한 분과 자녀만으로 이루어진 가족도 있다.
⑤ 부모님의 재혼으로 두 가족이 새롭게 가족이 되기도 한다.

6 ⊕ 11종 공통

오늘날 가족 형태의 특징을 알맞게 말한 친구를 골라 ○표 하시오.

(1)

> 우리 사회는 가족의 형태가 모두 같아.

(2)

> 우리 사회에는 우리 가족과 다른 형태의 가족도 있어.

(   )   (   )

7 ✚ 11종 공통

다음 중 바람직한 가족이라고 할 수 <u>없는</u> 것은 어느 것입니까? (   )

① 서로 도와주는 가족
② 서로 이해하는 가족
③ 모든 일에 감사하는 가족
④ 서로의 부족함을 채워 주는 가족
⑤ 자기 일을 다른 사람에게 미루는 가족

8 서술형 ✚ 11종 공통

다양한 가족을 대하는 바람직한 태도를 한 가지만 쓰시오.

_____

_____

9 비상교과서, 비상교육 외

다음 중 다양한 가족의 생활 모습을 표현하는 방법으로 알맞지 <u>않은</u> 것은 어느 것입니까? (   )

① 그림   ② 동시   ③ 만화
④ 그래프   ⑤ 역할극

[10-11] 다음 대화를 읽고, 물음에 답하시오.

가족은 실수했을 때에도 ㉠이해해 주고 ㉡자신감을 가질 수 있도록 도와야 해.

㉢용기를 다시 가질 수 있도록 ㉣비난해 주어야 해.

10 미래엔, 비상교과서 외

위 내용 중 <u>잘못된</u> 부분을 골라 기호를 쓰시오.

(   )

11 미래엔, 비상교과서 외

위 **10**번 답의 <u>잘못된</u> 부분을 알맞게 고쳐 쓰시오.

(   )

12 비상교육, 천재교육 외

다음 그림을 보고, (   ) 안에 들어갈 알맞은 말을 쓰시오.

자녀가 없는 우리에게 쿰바는 딸과 같아요.

많은 사람들이 (   )을/를 가족 구성원과 같이 소중하게 생각합니다.

(   )

1 ➕ 11종 공통

옛날 결혼식에 대한 설명으로 옳지 <u>않은</u> 것은 어느 것입니까? (   )

① 신랑의 집에서 폐백을 드렸다.
② 신부의 집에서 결혼식을 했다.
③ 다양한 형태의 결혼식이 있었다.
④ 가족과 친척이 모여 신랑과 신부를 축복해 주었다.
⑤ 신랑이 나무 기러기를 가지고 신부의 집으로 갔다.

2 ➕ 11종 공통

다음과 같이 폐백에서 어른들이 대추와 밤을 던지는 것에 담긴 의미를 두 가지 고르시오. (,   )

① '건강해라.'
② '오래 살아라.'
③ '부자가 되어라.'
④ '평생 사랑해라.'
⑤ '자식을 많이 낳아라.'

3 ➕ 11종 공통

옛날과 오늘날 결혼식의 공통점은 어느 것입니까?
(   )

① 결혼식을 하는 장소가 같다.
② 결혼식을 하는 방법이 같다.
③ 결혼식 후에 하는 일이 같다.
④ 결혼식을 할 때 입는 옷이 같다.
⑤ 사람들에게 두 사람이 부부가 된 것을 알린다는 점이 같다.

4 ➕ 11종 공통

다음 가족 구성원을 보고 확대 가족이면 '확', 핵가족이면 '핵'이라고 쓰시오.

(1) 할아버지, 아버지, 어머니, 나   (   )
(2) 아버지, 어머니, 오빠, 언니, 나   (   )
(3) 할아버지, 할머니, 아버지, 어머니, 나   (   )

5 서술형 ➕ 11종 공통

옛날에 다음과 같은 가족 형태가 많았던 까닭을 쓰시오.

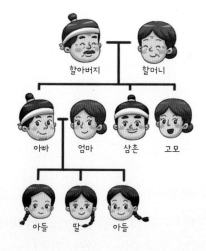

_____

_____

6 ⊕ 11종 공통

오늘날 핵가족이 늘어난 까닭을 잘못 설명한 친구는 누구입니까? (   )

① 개인 생활을 위해 독립하는 경우가 늘어났기 때문이에요.

② 교육을 위해 다른 지역으로 이사를 가기 때문이에요.

③ 직장을 찾으려고 가족과 떨어져 이사를 가기 때문이에요.

④ 농사를 지으시는 부모님을 돕기 위해 부모님 댁에 들어가 살기 때문이에요.

7 ⊕ 11종 공통

옛날 가족 구성원의 역할을 보기 에서 모두 골라 기호를 쓰시오.

보기
⊙ 여자는 주로 집안일을 하고 자녀를 낳아 길렀다.
⊙ 남자는 주로 농사를 짓거나 나라의 큰일에 참여하였다.
⊙ 남녀의 역할 구분이 없어지고, 교육받을 기회가 동등해졌다.
⊙ 가족의 중요한 일을 결정할 때는 집안에서 나이 많은 어른이 결정하였다.

(   )

8 ⊕ 11종 공통

오늘날 가족 구성원의 역할으로 알맞지 않은 것은 어느 것입니까? (   )

① 부모가 함께 자녀를 돌본다.
② 아들과 딸의 역할이 구분되어 있다.
③ 가족의 일을 함께 의논하여 결정한다.
④ 부모가 모두 일하는 경우가 많아졌다.
⑤ 가족이 함께 역할을 나눠 집안일을 한다.

9 ⊕ 11종 공통

오늘날 가족 구성원의 역할이 변한 까닭을 알맞게 말한 친구를 골라 ○표 하시오.

(1) 여성이 교육받을 기회가 줄어들었어.

(2) 남녀가 평등하다는 의식이 높아졌어.

(   )   (   )

10 ⊕ 11종 공통

다음은 행복한 가정을 만들기 위한 실천 방법입니다. (   ) 안에 들어갈 알맞은 말을 쓰시오.

행복한 가정을 만들기 위해서는 가족 구성원으로서 자신의 (   )을/를 알고 실천해야 합니다.

(   )

[11-12] 다음 그림을 보고, 물음에 답하시오.

11 ⊕ 11종 공통

위 그림에 나타난 가족의 형태를 무엇이라고 하는지 쓰시오.

(   )

12 ⊕ 11종 공통

위 **11**번 답의 가족에 대한 설명으로 알맞은 것은 어느 것입니까? (   )

① 두 가족이 새롭게 한 가족이 되었다.
② 자녀 없이 부부끼리만 사는 가족이다.
③ 아버지나 어머니 중 한 분이 외국인이다.
④ 아버지와 어머니 두 분 모두 우리나라 사람이다.
⑤ 할아버지, 할머니와 손자, 손녀가 함께 사는 가족이다.

13 ⊕ 11종 공통

다음 만화에 나타난 가족의 형태는 무엇입니까?

(   )

① 확대 가족
② 재혼 가족
③ 조손 가족
④ 다문화 가족
⑤ 한 부모 가족

[14-15] 다음 자료를 보고, 물음에 답하시오.

20△△년 △△월 △△일

우리 가족 참 많죠?

박□□ 씨 부부의 자녀들은 모두 10명이다. 그 중에 8명은 가슴으로 낳은, 입양한 아이들이다. 몇 명의 아이에게 장애가 있지만, 부부는 모든 아이가 건강하게 자라도록 사랑으로 보살피고 있다. 아이들도 부모님처럼 다른 사람들을 도와주며 사는 것이 꿈이다.

14 ⊕ 11종 공통

위와 같이 다양한 가족의 생활 모습을 살펴볼 수 있는 자료는 무엇인지 쓰시오.

(   )

15 서술형 ⊕ 11종 공통

위의 자료에서 박□□ 씨 부부가 8명의 아이를 입양한 까닭은 무엇인지 쓰시오.

_____

_____

16 ⊕ 11종 공통

다양한 가족을 대하는 바람직한 태도로 알맞은 것은 어느 것입니까? (   )

① 서로의 다름을 인정하지 않는다.
② 다른 모습의 가족은 인정하지 않는다.
③ 다양한 가족의 생활 모습을 존중한다.
④ 우리 가족과 비슷한 모습의 가족과만 어울린다.
⑤ 다른 가족이 겪는 어려움에 관심을 가지지 않는다.

[17-18] 다음 자료를 보고, 물음에 답하시오.

> **우리 할머니 최고!**
> 나: 할머니! 오늘 저녁은 뭐예요?
> 할머니: 오늘 저녁은 주은이가 좋아하는 국수이지요.
> 나: 역시 할머니는 저랑 마음이 통한다니까요.
> 할머니: 그렇지? 참, 할아버지께서는 오늘 늦으신다고 하셨으니까 우리 먼저 먹자.
> 나: 네, 수저는 제가 놓을게요.
> 할머니: 고맙구나. 우리 주은이가 도와주니 할머니가 참 편하구나.

17 ⊕ 11종 공통

위의 자료는 다양한 가족의 형태를 어떤 방법으로 표현한 것인지 쓰시오.

(   )

18 서술형 ⊕ 11종 공통

위 **17**번 답과 같은 방법으로 다양한 가족의 생활 모습을 표현할 때의 좋은 점을 쓰시오.

_____

19 ⊕ 11종 공통

가족의 역할로 알맞지 <u>않은</u> 것은 어느 것입니까?
(   )

① 기쁜 일만 함께 나눈다.
② 실수했을 때 이해해 준다.
③ 서로의 부족함을 채워 준다.
④ 어렵거나 힘들 때 서로 도와준다.
⑤ 자신감을 가질 수 있도록 격려해 준다.

20 미래엔, 천재교육 외

다음과 같이 동물과 함께 살아가는 가족에 대한 설명으로 옳지 <u>않은</u> 것은 어느 것입니까? (   )

① 개, 고양이 등 다양한 반려동물이 있다.
② 오늘날에 많은 사람이 동물과 함께 산다.
③ 반려동물을 귀여워하고 사랑으로 보살핀다.
④ 동물을 가족 구성원과 같이 소중하게 생각하는 사람은 아무도 없다.
⑤ 반려동물과 함께 생활할 때에는 동물이라고 해서 함부로 키우거나 버리면 안 된다.

평가 주제	옛날과 오늘날 결혼 풍습의 변화
평가 목표	옛날과 오늘날의 결혼식을 비교하여 설명할 수 있다.

[1-3] 다음 그림을 보고, 물음에 답하시오.

(가)    (나)

1 위 (가), (나) 중 옛날의 결혼식 모습에는 '옛', 오늘날의 결혼식 모습에는 '오'라고 쓰시오.

(가) (   )

(나) (   )

2 옛날과 오늘날의 결혼식 모습을 비교하는 표의 빈칸을 알맞게 채워 넣으시오.

구분	옛날의 결혼식	오늘날의 결혼식
결혼식 장소	신부의 집	㉠
입는 옷	전통 혼례복	신랑은 턱시도, 신부는 웨딩드레스
주고받는 것	㉡	결혼반지
결혼식 후 하는 일	㉢	신혼여행을 갑니다.

3 옛날과 오늘날 결혼식의 공통점을 두 가지 쓰시오.

_____

_____

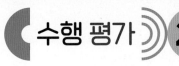

평가 주제	오늘날의 다양한 가족 형태 설명하기
평가 목표	오늘날 다양한 가족의 생활 모습을 보고 가족의 형태를 설명할 수 있다.

[1-2] 다음 자료를 읽고, 물음에 답하시오.

㈎ 우리 가족은 할아버지, 할머니, 아빠, 엄마, 나, 동생까지 6명이에요. 우리는 할아버지, 할머니께서 먼저 수저를 드실 때까지 기다렸다가 밥을 먹어요. 할아버지, 할머니와 살다 보니 예절을 잘 지키게 되었어요.

㈏ 우리 가족은 특별한 기념일이 하나 더 있어요. 제가 가족이 된 날을 기념하며 온 가족이 모여 축하해요. 우리는 늦게 가족이 되었지만, 서로 사랑하고 아껴요.

㈐ 우리 부모님은 태어난 나라도, 피부색도 달라요. 아빠와 대화할 때는 아빠 나라의 말을 쓰기도 해요. 우리 가족은 겨울 방학이 되면 아빠가 태어난 나라에 가요. 할머니도 만나고, 아빠 나라에 대해 알아가요.

3
단원

1 위 ㈎～㈐에 나타난 가족의 생활 모습을 보고, 어떠한 가족 형태인지 쓰시오.

㈎ (   )
㈏ (   )
㈐ (   )

2 위 ㈎～㈐를 통해 알 수 있는 오늘날 가족 형태의 특징을 쓰시오.

_____

_____

여기까지 온 너,
이미 넌 백점이야

초능력 비주얼씽킹 초등 한국사

비주얼씽킹이란? 자신의 생각을 글과 이미지를 통해 체계화하여
기억력과 이해력을 키우는 시각적 사고 방법입니다.
비주얼씽킹 초등 한국사로 그림으로 생각하고 정리하는 힘을 키워 주세요.

후삼국 통일의 의의

자주적 통일

통일 과정에서 외세의
힘을 빌리지 않았어요.

실질적인 민족 통일

후백제와 신라뿐 아니라 발해 유민까지
받아들여 실질적인 (❷　　　) 통일을
이루었어요.

지방 세력의 정치 참여 확대

고려는 호족이라는 (❶　　　)
세력의 도움을 받아 건국되었어요.

새로운 민족 문화 발전의 토대 마련

옛 고구려, 백제, 신라의 문화를 모두
받아들여서 새로운 문화로 발전시켰
어요.

초성 Quiz

이방원이 (ㅈㅁㅈ)를 죽이고 주도권을 차지하였다.

☐ 정몽주　　☐ 정만조

동아출판

평가북

초등학교   학년   반   번   이름

친절한 해설북 구성과 특징

1 자료 다시보기

• 문제와 관련된 자료를 다시 한번 확인하면서 학습 내용에 대해 깊이 있게 이해할 수 있습니다.

2 서술형 채점 TIP

• 서술형 문제 풀이에는 채점 기준과 채점 TIP을 구체적으로 제시하고 있습니다. 또한 '이런 답도 가능해!'를 통해 다양한 예시 답안을 확인할 수 있습니다.

차례

백점 사회 빠른 정답

QR코드를 찍으면 **정답과 해설**을 쉽고 빠르게 확인할 수 있습니다.

모바일
빠른 정답

1. 환경에 따라 다른 삶의 모습

① 우리 고장의 환경과 생활 모습

〔8쪽~11쪽〕 **문제 학습**

1 자연환경 **2** 인문환경 **3** ○ **4** 산 **5** 여름, 겨울 **6** 환경 **7** 예 산, 바다 **8** ④ **9** 기온 **10** ③ **11** ㉠, ㉢ **12** ③ **13** ② **14** ④ **15** 예 고장 사람들은 들에 논과 밭을 만들어 농사를 짓습니다. **16** 댐 **17** ⑤ **18** ③ **19** (1) ㉡ (2) ㉠ **20** 예 지우네 고장은 여름에 기온이 가장 높고, 겨울에 기온이 가장 낮습니다. **21** ② **22** ㉠, ㉣, ㉢, ㉡ **23** 예 얇은 옷을 입습니다. 더위를 피해 해수욕을 즐깁니다. 에어컨과 선풍기를 사용합니다. **24** ① **25** 겨울

---

6 환경은 사람이 살아가는 데 영향을 주는 우리 주변의 모든 것을 말합니다.

7 제시된 사진에서는 산, 바다와 같은 자연환경을 볼 수 있습니다.

8 산, 들, 하천, 바다와 같은 땅의 생김새는 자연환경에 속합니다.

9 날씨에 영향을 주는 기온은 자연환경에 속합니다.

10 제시된 사진은 들을 이용해 사람들이 만든 도로입니다.

11 ㉠ 논, ㉢ 공원은 사람들이 만든 인문환경입니다. ㉡ 산, ㉣ 하천은 자연환경입니다.

12 바다가 있는 고장 사람들은 바다에서 물고기를 잡거나 양식장에서 굴, 김, 다시마 등을 기릅니다.

13 과수원은 사람들이 열매를 얻기 위해 들이나 산에 과실 나무를 많이 심어 가꾸는 밭으로, 인문환경입니다.

14 고장 사람들은 산비탈에 밭을 만들어 이용합니다.

15 이 밖에도 고장 사람들은 들에 도로와 아파트, 건물 등을 만듭니다.

> 채점 tip 논과 밭을 만들어 농사를 짓는다는 내용을 썼으면 정답으로 합니다.

16 고장 사람들은 하천에 댐을 만들어 생활용수와 공업용수로 이용합니다.

17 고장 사람들은 하천 주변에 공원을 만들어 운동이나 산책을 하는 곳으로 이용합니다.

> **자료 다시보기**
>
> **자연환경을 이용하는 모습**
>
> | 산 | • 산림욕장이나 공원, 등산로를 만듦.
• 나물이나 약초를 얻음. |
> |---|---|
> | 들 | • 논과 밭을 만들어 농사를 지음.
• 도로와 아파트, 건물 등을 만듦. |
> | 하천 | • 댐을 만들어 하천의 물을 생활용수와 공업 용수로 이용함.
• 하천 주변에 공원을 만들어 운동이나 산책을 하는 곳으로 이용함. |
> | 바다 | • 물고기를 잡거나 물놀이를 함.
• 배가 드나들 수 있는 항구를 지음. |

18 ③ 버섯을 기르는 일은 산이 많은 고장에 사는 사람들이 하는 일입니다.

19 여름에는 기온이 높고 비가 많이 오며, 겨울에는 기온이 낮아 춥고 눈이 내리기도 합니다.

20 지우네 고장의 기온이 가장 높은 계절은 여름이고, 기온이 가장 낮은 계절은 겨울입니다.

> 채점 tip 여름에 기온이 가장 높고, 겨울에 기온이 가장 낮다는 내용을 썼으면 정답으로 합니다.

21 제시된 그래프에서 강수량이 가장 많은 계절은 여름입니다.

22 그래프를 읽을 때는 먼저 그래프가 무엇을 나타내는지 제목을 확인하고 그래프의 가로와 세로가 무엇을 나타내는지 확인해야 합니다.

23 여름에는 더운 날씨와 관련된 생활 모습을 볼 수 있습니다.

> 채점 tip 예시 답안 중 한 가지를 썼으면 정답으로 합니다.

24 가을에는 논과 밭에서 곡식이나 열매를 수확합니다.

> **자료 다시보기**
>
> **계절에 따라 달라지는 고장 사람들의 생활 모습**
>
> | 봄 | 주변의 산이나 공원으로 꽃구경을 감. |
> |---|---|
> | 여름 | 얇은 옷을 입고, 더위를 피해 해수욕을 즐김. |
> | 가을 | 단풍 구경을 가고, 논과 밭에서 곡식이나 열매를 수확함. |
> | 겨울 | 두꺼운 옷을 입고, 눈썰매장에서 썰매를 탐. |

25 겨울에는 춥고 눈이 내리기 때문에 두꺼운 옷을 입고 난로나 온풍기를 사용합니다.

14쪽~17쪽   문제 학습

1 목장 2 ○ 3 바다가 있는 4 여가 생활 5 ×
6 예 산, 숲 7 ② 8 ③ 9 ⑤ 10 ③ 11 ⑤
12 ② 13 예 공장에서 물건을 만들거나 회사에서 일합니다. 14 ⑵ ○ 15 ② 16 ② 17 ㉠, ㉢, ㉣ 18 ④ 19 ② 20 예 고장마다 자연환경과 인문환경이 다르기 때문입니다. 21 ⑤ 22 여가 생활 23 ④ 24 ⑴ ㉠, ㉣ ⑵ ㉡, ㉢ 25 예 공원에서 산책을 합니다. 실내 수영장에서 수영을 합니다.

6 산이 많은 고장에서는 산, 숲 등의 자연환경을 볼 수 있습니다.

7 산이 많은 고장에서는 썰매장, 스키장, 밭, 목장 등의 인문환경을 볼 수 있습니다.

8 ①, ⑤는 들이 펼쳐진 고장 사람들이 주로 하는 일, ②, ④는 바다가 있는 고장 사람들이 주로 하는 일입니다.

9 산에는 비탈진 곳이 많아 농사지을 장소가 충분하지 않기 때문에 계단식 논을 만들어 이용합니다.

10 ③ 양식장에서 김을 기르는 것은 바다가 있는 고장에 사는 사람들이 하는 일입니다.

11 논과 밭이 있는 고장의 자연환경은 들이 넓게 펼쳐져 있고 강이나 하천이 보입니다.

12 넓은 들이 있는 고장에는 논과 밭이 많습니다.

13 이 밖에도 도시가 발달한 고장의 사람들은 백화점이나 마트에서 음식이나 물건을 판매하기도 합니다.

채점 tip 공장에서 물건을 만들거나 회사에서 일한다 등 인문환경을 활용해 일한다는 내용을 썼으면 정답으로 합니다.

이런 답도 가능해!
백화점이나 마트에서 음식이나 물건을 판매합니다. 버스나 택시 등을 운전합니다.

14 도시가 발달한 고장의 사람들은 공장이나 회사에서 일하기도 하고 물건이나 음식을 팔기도 합니다.

15 도시에 사는 사람들은 다양한 일을 하며 살아갑니다. ②는 논과 밭이 있는 고장 사람들이 하는 일입니다.

16 ② 스키장은 산이 많은 고장에서 볼 수 있습니다.

17 ㉡, ㉤은 자연환경을 이용해서 하는 일입니다.

18 ④ 계단식 논에서 곡식을 재배하는 것은 산이 많은 고장에 사는 사람들이 주로 하는 일입니다.

자료 다시보기
바다가 있는 고장 사람들이 하는 일
• 바다에서 물고기를 잡거나 김, 미역 등을 기릅니다.
• 해녀들이 바닷속에 들어가서 해산물을 잡습니다.
• 바닷물을 이용하여 소금을 얻습니다.
• 배나 고기잡이 도구를 팔거나 고쳐 줍니다.

19 물고기 잡기, 전복과 멍게 채취하기, 물고기를 파는 직판장 운영하기 등은 바다가 있는 고장에 사는 사람들이 하는 일입니다.

20 고장 사람들은 그 고장의 자연환경과 인문환경을 이용한 일을 합니다.

채점 tip 고장마다 환경이 다르기 때문이라는 내용을 썼으면 정답으로 합니다.

21 ⑤ 고장 사람들의 생활 모습은 그 고장의 환경과 관련이 있습니다.

22 여가 생활은 스스로 즐거움을 얻고자 남는 시간에 하는 자유로운 활동입니다.

23 ④는 고장 사람들이 일을 하는 모습입니다.

24 ㉠, ㉣은 자연환경을 이용한 여가 생활, ㉡, ㉢은 인문환경을 이용한 여가 생활입니다.

자료 다시보기
자연환경과 인문환경을 이용한 여가 생활

자연환경을 이용한 여가 생활	인문환경을 이용한 여가 생활
캠핑, 래프팅, 물놀이, 패러글라이딩 등	박물관 견학, 공원 산책, 영화 관람, 놀이 기구 이용 등

25 이 밖에도 박물관 견학하기, 영화관에서 영화 관람하기 등이 있습니다.

채점 기준	상	인문환경을 이용한 여가 생활의 예시 두 가지를 알맞게 쓴 경우
	중	인문환경을 이용한 여가 생활의 예시를 한 가지만 알맞게 쓴 경우

이런 답도 가능해!
놀이 공원에서 놀이 기구 이용합니다. 도서관에서 독서를 합니다.

② 환경에 따른 의식주 생활 모습

20쪽~23쪽 문제 학습

1 의식주 2 ○ 3 환경 4 사막 5 × 6 의식주 7 (2) ○ 8 ③ 9 ㉢, ㉤, ㉥ 10 (1) ㉢, ㉤ (2) ㉡, ㉣ (3) ㉠, ㉥ 11 ⑩ 우리가 살아가는 데 기본적으로 필요한 것들이기 때문입니다. 12 ② 13 여름 14 추위 15 (1) ㉡, ㉤ (2) ㉠, ㉢, ㉣ 16 ⑤ 17 설피 18 ㉠ 방충 모자 ㉡ 방열복 19 ⑩ 뜨거운 햇볕과 모래바람을 막기 위해서입니다. 20 (2) ○ 21 ㉡ 22 ㉠ 23 ③ 24 ⑩ 낮의 뜨거운 햇볕을 막고 밤의 추위를 견디려고 망토와 같은 긴 옷을 걸치고 모자를 씁니다. 25 ③

6 옷, 음식, 집은 우리가 살아가는 데 가장 기본적이고 필수적인 것입니다.

7 의생활은 입는 옷과 관련된 생활로, 축구공은 옷이 아닙니다.

8 식생활은 음식과 관련된 생활을 말합니다.

9 주생활과 관련된 것에는 아파트, 단독 주택, 한옥, 통나무집, 수상 가옥 등이 있습니다.

10 의는 입는 옷, 식은 먹는 음식, 주는 생활하는 집을 말합니다.

11 옷, 음식, 집은 사람이 살아가는 데 가장 기본적이고 필수적으로 필요한 것입니다.

> **채점 tip** 사람이 살아가는 데 기본적으로 필요하다는 내용을 썼으면 정답으로 합니다.

12 날씨는 고장에 따라 차이가 나기 때문에 고장별로 사람들의 옷차림은 다릅니다.

13 제시된 사진에서 어린이가 모자를 쓰고 반팔 옷과 반바지를 입은 것으로 보아 계절이 여름임을 알 수 있습니다.

14 추운 겨울에는 바람을 막고 몸을 따뜻하게 하려고 솜을 누벼서 만든 두꺼운 옷을 입으며 목도리를 두르거나 장갑을 낍니다.

15 여름에는 더위를 피하려고 바람이 잘 통하는 소재로 만든 옷을 입거나 햇볕을 막는 모자를 쓰기도 합니다. 겨울에는 추위를 막으려고 두꺼운 옷을 입고 장갑을 끼거나 목도리를 두르기도 합니다.

16 고장의 환경에 따라 사람들이 하는 일이 달라서 하는 일에 따라 특별한 의생활 모습이 나타나기도 합니다.

17 설피는 겨울에 눈이 많이 내리는 고장에서 눈에 빠지지 않도록 나뭇가지와 끈을 엮어 신발 바닥에 덧대어 신던 것을 말합니다.

자료 다시보기

옛날 사람들의 의생활 모습

여름에 날씨가 덥고 습한 고장에서 바람이 잘 통하고 빨리 마르는 갈옷을 입고 생활했습니다.	농사일을 하는 사람들이 비에 젖지 않도록 볏짚으로 비옷을 만들어 걸쳐 둘렀습니다.

18 벌을 키우는 일을 하는 사람들은 방충 모자를 쓰고, 철을 녹이는 일을 하는 사람들은 방열복을 입습니다.

19 제시된 사진의 사람은 흰 천으로 된 긴 옷을 입고, 머리에는 천을 둘러 감았습니다.

채점 기준	상	뜨거운 햇볕과 모래바람을 막기 위해서라고 쓴 경우
	중	햇볕을 막기 위해서라고만 쓴 경우

20 베트남과 같이 덥고 습한 고장에서는 바람이 잘 통하는 긴 옷을 입고 챙이 넓은 모자를 씁니다.

21 제시된 사진과 같이 춥고 눈이 많이 오는 고장에서는 동물의 털이나 가죽으로 만든 두꺼운 옷을 입고 발목까지 감싸는 부츠를 신습니다.

22 날씨가 덥고 비가 적게 내리는 고장에서는 뜨거운 햇볕과 모래바람을 막기 위해 주로 긴 옷을 입고 머리에 천을 둘러 감습니다.

23 춥고 눈이 많이 오는 고장에서는 동물의 털과 가죽으로 만든 두꺼운 옷을 입습니다.

24 제시된 사진 속 고장은 낮과 밤의 기온 차가 큰 페루입니다.

채점 기준	상	낮의 뜨거운 햇볕을 막고 밤의 추위를 견디기 위해 망토와 같은 긴 옷을 걸치고 모자를 쓴다고 쓴 경우
	중	기온 차를 견딜 수 있는 옷을 입는다라고만 쓴 경우

25 세계 각 고장의 환경에 따라 사람들의 의생활 모습도 다양합니다.

26쪽~29쪽 **문제 학습**

1 ○ 2 바다 3 × 4 아파트 5 너와집 6 ①
7 ①, ⑤ 8 ③ 9 ⑩ 강원도 영월에는 산지가 많고 날씨가 서늘해서 감자를 많이 심기 때문입니다.
10 ④ 11 ② 12 ① 13 ④ 14 (1) ⓒ (2) ⓛ (3) ㄱ 15 ② 16 (1) 아파트 (2) 다세대 주택 17 ㄴ, ㄷ 18 ④ 19 ⑩ 양에게 먹일 물과 풀을 찾아 자주 옮겨 다녀야 하기 때문에 이동에 편리한 집에서 삽니다. 20 ③ 21 ⑤ 22 ② 23 ⑩ 우데기, 눈이 집 안으로 들어오는 것을 막기 위해서입니다. 24 ⑤ 25 지훈

6 고장의 자연환경은 그 고장 사람들의 식생활 모습에 많은 영향을 줍니다.

7 고장의 음식은 각 고장의 환경에서 쉽게 구할 수 있는 재료를 중심으로 발달해 왔습니다.

8 대게, 꼬막, 옥돔 등의 해산물은 바다에서 얻을 수 있습니다.

자료 다시보기

고장의 자연환경에 따라 다른 식생활

들이 펼쳐진 고장	논과 밭에서 자란 곡식과 채소를 이용해 만든 음식을 주로 먹음.
바다가 있는 고장	해산물을 이용해 만든 음식을 주로 먹음.
산이 많은 고장	산나물, 버섯 등을 이용해 만든 음식을 주로 먹음.

9 산지가 많고 날씨가 서늘한 영월에서는 감자를 많이 심습니다.

채점 tip 산지가 많고 날씨가 서늘해서 감자를 재배하기에 적합하다는 내용을 썼으면 정답으로 합니다.

10 ④ 옥돔은 제주 앞바다에서 많이 잡히는 생선입니다.

11 춘천시는 산이 많고 날씨가 서늘해 메밀이 잘 자라며, 메밀 막국수가 발달했습니다.

12 덥고 습한 고장에는 파인애플, 바나나, 망고와 같은 주변에서 쉽게 구할 수 있는 열대 과일을 이용한 음식이 많습니다.

13 산지가 많은 고장에서는 젖소를 많이 키워 우유나 치즈를 이용한 음식이 많습니다.

14 고장의 땅의 생김새나 날씨와 같은 자연환경이 고장 사람들의 식생활 모습에 영향을 미칩니다.

15 일본에는 생선으로 만든 음식이 많습니다.

16 도시가 발달한 고장에서는 아파트와 다세대 주택 등에 많은 사람이 모여 삽니다.

17 고장의 계절과 날씨, 땅의 생김새 등 자연환경을 이용하는 모습이 다르기 때문에 고장마다 주생활이 다르게 나타납니다.

18 날씨가 추운 러시아에서는 주변 숲에서 쉽게 구할 수 있는 통나무로 집을 지었습니다.

19 몽골 사람들은 물과 풀을 찾아 자주 옮겨 다녀야 하기 때문에 이동에 편리한 집이 필요합니다.

채점 기준	상	물과 풀을 찾아 자주 옮겨 다녀야 하기 때문에 이동에 편리한 집이 필요하다고 쓴 경우
	중	이동에 편리한 집이 필요하다고만 쓴 경우

20 제시된 사진은 터키에 있는 동굴 집입니다. 화산 폭발 후에 떨어진 재로 만들어진 바위는 단단하지 않아 속을 쉽게 파낼 수 있습니다.

21 너와집은 나무를 쉽게 구할 수 있는 고장에서 나뭇조각으로 지붕을 얹어 지은 집입니다.

22 덥고 비가 많이 내리는 고장에서는 더위를 피하기 위해 물속에 말뚝을 박아 그 위에 집을 짓습니다.

자료 다시보기

세계 여러 고장 사람들의 집의 모습

이글루(그린란드) 이즈바(러시아) 게르(몽골) 동굴 집(터키)

23 겨울철에 눈이 많이 내리는 울릉도에서는 눈이 많이 와도 집 안을 자유롭게 다닐 수 있도록 우데기와 같은 벽을 만들었습니다.

채점 tip 눈이 집 안으로 들어오는 것을 막기 위해서, 눈이 많이 와도 집 안을 자유롭게 다니기 위해서라는 내용을 썼으면 정답으로 합니다.

24 터돋움집은 여름철에 홍수로 집이 물에 잠길 위험이 있는 고장에서 땅 위에 터를 돋우어 높은 곳에 지은 집입니다.

25 고장 사람들의 식생활 모습은 다양하게 나타납니다.

30쪽~31쪽　교과서 통합 핵심 개념

1 인문환경　**2** 사계절　**3** 목장　**4** 여가 생활
5 의식주　**6** 사막　**7** 식생활　**8** 해산물

32쪽~34쪽　단원 평가 **1**회

1 ④　**2** ⑤　**3** (1) 25℃ (2) 2℃　**4** ②　**5** (1) ○
6 ④　**7** 예 서현이는 인문환경을, 종우는 자연환경을 이용해 여가 생활을 했습니다.　**8** ㉠, ㉡　**9** 예 두꺼운 옷을 입습니다. 장갑을 끼거나 목도리를 두릅니다.　**10** ②　**11** ①　**12** ⑤　**13** ③　**14** ③
15 예 겨울철에 눈이 많이 내립니다.

1 ①~③은 사람들이 만든 것으로, 인문환경에 속합니다.

2 ①은 하천, ②는 들, ③과 ④는 바다를 이용하는 모습입니다.

3 7월의 평균 기온이 25℃로 가장 높고, 1월의 평균 기온이 2℃로 가장 낮습니다.

4 ② 계절에 따라 강수량이 다릅니다. 여름(7월)에 강수량이 가장 많고, 겨울(1월)에 강수량이 가장 적습니다.

5 산이 많은 고장에서는 목장에서 소를 키우고, 산비탈을 이용해 스키장이나 눈썰매장을 만듭니다.

6 ④ 버섯 기르기는 산이 많은 고장에 사는 사람들이 하는 일입니다.

7 자연환경을 이용한 여가 생활과 인문환경을 이용한 여가 생활이 있습니다.

채점 기준	상	'서현이는 인문환경을, 종우는 자연환경을 이용했다.'와 같이 알맞게 쓴 경우
	중	서현이와 종우 중 한 사람에 대해서만 알맞게 쓴 경우
	하	'환경을 이용했다.'와 같이 미흡하게 쓴 경우

8 의식주는 살아가기 위해 꼭 필요한 옷, 음식, 집을 말합니다.

자료 다시보기

의식주가 필요한 이유

의(옷)	다양한 환경으로부터 몸을 보호하고, 체온을 유지하기 위해 옷이 필요함.
식(음식)	활동에 필요한 영양소와 힘을 얻기 위해 음식이 필요함.
주(집)	더위나 추위를 피하고, 안전하고 편안하게 쉬기 위해 집이 필요함.

9 사람들은 날씨가 추울 때 추위를 피하려고 두꺼운 옷을 입고, 장갑을 끼거나 목도리를 두릅니다.

채점 기준	상	날씨가 추울 때 볼 수 있는 옷차림 두 가지를 모두 알맞게 쓴 경우
	중	날씨가 추울 때 볼 수 있는 옷차림을 한 가지만 알맞게 쓴 경우

자료 다시보기

계절에 따라 달라지는 옷차림

봄　여름　가을　겨울

10 낮과 밤의 기온 차가 큰 고장의 사람들은 낮의 뜨거운 햇볕을 막고 밤의 추위를 견디려고 망토와 같은 긴 옷을 걸치고 모자를 씁니다.

11 사우디아라비아와 같은 사막에 있는 고장에서는 뜨거운 햇볕과 모래바람을 막기 위해 주로 긴 옷을 입고 머리에 천을 둘러 감습니다.

12 ⑤ 감자는 산지가 많은 곳에서 주로 재배합니다.

13 날씨가 덥고 비가 많이 내리는 고장에서는 열대 과일이 잘 자라므로 이를 이용한 음식이 많습니다.

14 제시된 사진은 터키에 있는 동굴 집입니다. 터키의 화산 폭발이 있었던 고장에서는 화산이 폭발하여 만들어진, 단단하지 않은 바위를 파서 그 속에 집을 짓고 삽니다.

15 우데기집은 옛날에 울릉도 사람들이 살던 집으로, 겨울철에 눈이 많이 와도 집 안을 자유롭게 다닐 수 있도록 우데기를 만들었습니다.

채점 기준	상	겨울철에 눈이 많이 내린다고 쓴 경우
	중	눈이 많이 내린다고만 쓴 경우

> **자료 다시보기**
>
> **옛날 사람들의 집의 모습**
>
> ▲ 너와집　　　▲ 우데기집　　　▲ 터돋움집

35쪽～37쪽	**단원 평가 ❷회**

1 ②　**2** ⓐ 물고기를 잡습니다. 물놀이를 합니다.
3 여름　**4** ①　**5** ④　**6** 여가 생활　**7** ㉡　**8** (1) ㉢
(2) ㉠　(3) ㉡　**9** (1) 겨울　(2) 여름　**10** ⓐ 덥고 비가 많이 내립니다.　**11** ④　**12** ③　**13** ④　**14** ②
15 ⓐ 여름철에 홍수로 집이 물에 잠기는 것을 막기 위해서입니다.

1 눈, 비, 바람, 기온 등의 자연환경은 날씨에 영향을 줍니다.

2 고장 사람들은 바다를 이용하여 물고기를 잡거나 물놀이를 하며, 배가 드나들 수 있는 항구를 짓습니다.

> 채점 **tip** 바다를 이용하는 모습 한 가지를 알맞게 썼으면 정답으로 합니다.

> **이런 답도 가능해!**
>
> 배가 드나들 수 있는 항구를 짓습니다. 바다에 그물을 쳐서 물고기를 잡습니다.

3 제시된 그래프에서 막대 길이가 가장 긴 계절은 여름(7월)입니다.

4 산이 많은 고장의 사람들은 산에서 나무를 얻고 버섯을 기르며 약초를 캡니다.

5 ④ 염전에서 소금을 얻는 일은 바다가 있는 고장에 사는 사람들이 하는 일입니다.

> **자료 다시보기**
>
> **들이 펼쳐진 고장 사람들이 하는 일**
>
> | 논과 밭이
있는 고장
사람들이
하는 일 | • 논과 밭을 만들어 농사를 지음.
• 농기계를 팔거나 고치고, 농업 기술을 연구하고 알려 줌.
• 밭이나 비닐하우스에서 채소와 과일을 재배함. |
> |---|---|
> | 도시가
발달한 고장
사람들이
하는 일 | • 공장에서 물건을 만들거나 회사에서 일함.
• 백화점이나 마트에서 음식이나 물건을 판매함.
• 버스나 택시 등을 운전함. |

6 고장 사람들은 자연환경과 인문환경을 이용해 다양한 여가 생활을 합니다.

7 박물관은 인문환경에 속합니다. ㉠은 하천(강), ㉢은 산, ㉣은 산(숲)에서 즐기는 여가 생활입니다.

8 의는 다양한 환경으로부터 몸을 보호하고 체온을 유지하기 위해서, 식은 활동에 필요한 영양소와 힘을 얻기 위해서, 주는 더위나 추위를 피하고 안전하고 편안하게 쉬기 위해서 필요합니다.

9 겨울에는 추위를 견디기 위해 두꺼운 옷을 입고, 여름에는 더위를 피하기 위해 몸을 시원하게 하기 위해 얇은 반팔 옷과 반바지를 입고, 햇볕을 막는 모자를 쓰기도 합니다.

10 덥고 비가 많이 내려서 습한 고장에 사는 사람들은 바람이 잘 통하는 긴 옷을 입고 챙이 넓은 모자를 쓰고 생활합니다.

> 채점 **tip** 덥고 비가 많이 내려 습하다는 내용을 썼으면 정답으로 합니다.

> **자료 다시보기**
>
> **세계 여러 고장의 자연환경과 의생활 모습**
>
>
>
> | 사막에 있는 고장 | 덥고 비가 많이 내리는 고장 |
> |---|---|
> | 사우디아라비아 | 베트남 |
> | 춥고 눈이 많이 오는 고장 | 낮과 밤의 기온 차가 큰 고장 |
> | 캐나다 | 페루 |

11 낮과 밤의 기온 차가 큰 고장에서는 낮의 뜨거운 햇볕을 막고 밤의 추위를 견디려고 망토와 같은 긴 옷을 걸치고 모자를 씁니다.

12 식생활은 먹는 음식과 관련된 것입니다.

13 천안시는 호두나무가 잘 자라서 호두과자가 유명합니다. ④ 꼬막무침은 갯벌에서 나는 꼬막으로 만든 음식이 발달한 고성에서 발달한 음식입니다.

> **자료 다시보기**
>
> **고장의 환경에 영향을 받아 발달한 음식**
>
> | | |
> |---|---|
> | 메밀 막국수 (춘천) | 춘천은 산이 많고 날씨가 서늘해 메밀이 잘 자람. |
> | 감자 옹심이 (영월) | 영월은 산지가 많고 날씨가 서늘해 감자를 많이 심음. |
> | 호두과자 (천안) | 천안은 땅이 기름져 호두나무가 잘 자람. |
> | 꼬막무침 (보성) | 보성은 갯벌에서 나는 꼬막으로 만든 음식이 발달함. |
> | 옥돔구이 (제주) | 제주도 앞바다에는 따뜻한 바닷물에 사는 옥돔이 많이 잡힘. |

14 고장의 자연환경에 따라 고장의 주생활 모습은 다양하게 나타납니다.

15 여름철에 홍수로 집이 물에 잠길 위험이 있는 고장에서는 땅 위에 터를 돋우어 집을 지었습니다.

> **채점 tip** 홍수 피해를 막기 위해 지은 집이라는 내용을 썼으면 정답으로 합니다.

---

1 하천 **2** ㈎ 예 산 , 하천 ㈏ 예 다리 , 아파트 **3** 예 회사에서 일합니다. / 예 백화점이나 마트에서 음식이나 물건을 판매합니다.

1 고장 사람들은 하천의 물을 생활용수와 공업용수로 이용하기도 합니다.

2 자연환경은 산, 들, 하천, 바다와 같은 땅의 생김새와 날씨에 영향을 주는 눈, 비, 바람, 기온 등을 말하고, 인문환경은 자연환경을 이용해 사람들이 만든 공원, 과수원, 도로, 다리 등을 말합니다.

3 도시가 발달한 고장에 사는 사람들은 다양한 일을 하며 살아갑니다.

---

1 (1) ㈏ (2) ㈐ **2** (1) 예 겨울 동안 먹을 음식을 구하러 사냥을 떠날 때 잠시 머물기 위해서입니다. (2) 예 덥고 비가 많이 내리는 고장에서 더위를 피하기 위해서입니다. **3** 예 고장의 계절과 날씨, 땅의 생김새 등이 사람들의 주생활에 영향을 주기 때문입니다.

1 주변 숲에서 쉽게 나무를 구할 수 있는 러시아에서는 통나무로 집을 짓고, 화산 폭발로 만들어진 바위가 단단하지 않아서 잘 파지는 지역에서는 동굴 집을 지어 삽니다.

2 고장의 계절과 날씨, 땅의 생김새 등은 고장 사람들의 주생활에 영향을 줍니다.

3 고장의 날씨나 땅의 생김새 등에 따라 집을 짓는 재료가 다양하고 집의 모습이 다릅니다.

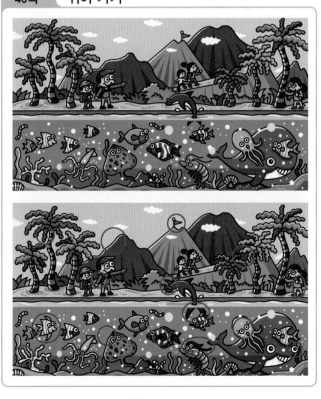

2. 시대마다 다른 삶의 모습

1 옛날과 오늘날의 생활 모습

44쪽~47쪽 문제 학습

1 동굴 2 농사 3 ○ 4 철 5 × 6 동굴, 바위
그늘 7 ① 8 주먹도끼 9 ①, ② 10 움집 11
⑩ 흙으로 그릇을 만들었습니다. 가락바퀴를 만들
어서 실을 뽑았습니다. 12 빗살무늬 토기 13 청
동 14 ③ 15 ⑤ 16 ⑴ ○ 17 ⑩ 농사짓는 모
습이 새겨져 있습니다. 18 ㉠ 청동 ㉡ 철 19 ①
20 ③ 21 ② 22 ㉣, ㉢, ㉠, ㉡ 23 ⑩ 벼, 보리
등 곡식에서 낟알을 쉽게 얻을 수 있게 되었습니다.
24 ③ 25 ⑤

6 옛날에는 동굴이나 바위 그늘에서 살다가 시간이
흐른 뒤에 강가나 해안가에 움집을 짓고 살기 시작
했습니다.

7 ①은 돌을 갈아서 도구를 만들어 쓰던 시대에 대한
설명입니다.

8 옛날 사람들은 자연에서 얻은 돌과 나무 등을 생활
도구로 사용했습니다.

9 동굴이나 바위 그늘에 살며 이동 생활을 했던 사람
들은 점차 먹을 것이 풍부한 강가나 해안가에 모여
살며 농사를 짓기 시작했습니다.

10 움집은 땅을 파고 나무로 만든 기둥에 풀이나 갈대
로 지붕을 덮어 지은 집입니다.

11 옛날 사람들은 자연에서 얻은 돌과 나무 등을 도구
로 사용하다가 시간이 흐른 뒤 흙으로 그릇을 만들
고 돌을 갈아서 도구를 만들어 사용했습니다.

채점 tip 흙으로 만든 그릇, 돌을 다듬거나 갈아서 만든 도구를 사
용했다는 내용을 썼으면 정답으로 합니다.

12 빗살무늬 토기는 흙으로 만든 그릇으로, 음식을 보
관하거나 조리할 때 사용하던 그릇입니다.

13 청동은 귀하고 다루기 어려워서 무기나 장신구, 제
사를 지내는 도구를 만드는 데 주로 사용했습니다.

14 청동은 귀하고 다루기 어려워서 무기나 장신구, 제
사를 지내는 도구를 만드는 데 주로 쓰였습니다.

15 청동 거울은 제사장이 하늘에 제사를 지낼 때 사용
하던 물건입니다.

16 ⑴은 비파형 동검이고, ⑵는 뼈낚시 도구입니다.

자료 다시보기

청동으로 만든 도구를 사용한 시대의 생활 도구

| 청동 거울 | 청동 방울 |

비파형 동검과 함께 하늘에 제사를 지낼 때 부족장이 사용
했음.

| 농경문 청동기 | 반달 돌칼 |

| 농사짓는 모습이 새겨져 있어서 당시의 생활 모습을 알 수 있음. | 곡식을 거두어들일 때 반달 모양의 돌칼을 사용했음. |

17 제시된 농경문 청동기에는 따비로 땅을 가는 모습,
토기에 수확물을 담는 모습, 괭이로 땅을 파는 모습
이 새겨져 있습니다.

채점 tip '토기에 곡식을 담고 있습니다. 도구를 사용해 땅을 파고
있습니다.' 등 농사짓는 모습이 새겨져 있다고 썼으면 정답으로 합
니다.

18 장식용 도구로 주로 사용되던 청동과 달리 철은 생
활 도구와 무기로 널리 사용되었습니다.

19 철로 만든 농사 도구를 사용하면서 농업은 크게 발
달했고, 철로 만든 무기를 가진 사람들은 전쟁에서
쉽게 이길 수 있었습니다.

20 철로 만든 무기를 가진 사람들은 전쟁에서 쉽게 이
길 수 있었습니다.

21 농사를 짓기 시작한 사람들은 돌을 나무에 연결하
거나 날카롭게 갈아 농사 도구로 사용했습니다.

22 땅을 가는 도구는 '돌괭이 → 철로 만든 괭이 → 쟁
기 → 트랙터'의 순서로 발달했습니다.

23 탈곡기를 사용하면서 쉽게 곡식을 수확할 수 있게
되었습니다.

채점 tip 곡식을 좀 더 쉽게 수확할 수 있게 되었다는 내용을 썼으
면 정답으로 합니다.

24 곡식을 수확하는 도구는 '반달 돌칼 → 철로 만든 낫
→ 탈곡기 → 콤바인'의 순서로 발달하였습니다.

25 농사 도구가 발달하면서 사람들은 더 다양하고 많은
양의 곡식과 채소, 과일을 얻을 수 있게 되었습니다.

50쪽~53쪽 문제 학습

1 맷돌 2 × 3 실 4 움집 5 초가집 6 ⑤ 7 맷돌 8 ① 9 ㉠ 10 ㉤, ㉠, ㉣, ㉢ 11 **예** 빠르고 편리하게 다양한 음식을 만들 수 있게 되었습니다. 12 가락바퀴 13 (1) 물레 (2) 베틀 14 **예** 다양한 옷감을 빠르고 편리하게 만들 수 있습니다. 15 뼈바늘 16 (2) ○ 17 ④ 18 ① 19 움집 20 ⑤ 21 ④, ⑤ 22 **예** 초가집은 볏짚을 엮어 지붕을 덮었고, 기와집은 흙을 구워 만든 기와로 지붕을 덮었습니다. 23 ③ 24 ㉢ 25 ㉤

6 음식 재료를 가는 도구는 '갈돌, 갈판 → 맷돌 → 믹서' 순으로 발달하였습니다.

7 맷돌은 음식 재료를 가는 도구로, 재료를 맷돌에 넣고 손잡이를 돌려서 갈았습니다.

8 ① 토기는 음식을 요리할 때 사용하는 도구입니다. ②, ③, ④는 재료를 가는 도구입니다.

자료 다시보기

재료를 가는 도구의 발달

갈돌, 갈판 → 맷돌 → 믹서

9 시루는 바닥의 구멍에서 올라오는 뜨거운 김으로 재료를 쪄서 먹을 때 사용하는 도구입니다.

10 음식을 요리할 때 사용하는 도구는 '토기 → 시루 → 가마솥 → 전기밥솥'의 순서로 발달하였습니다.

11 음식을 만드는 도구가 발달하면서 사람들은 빠르고 편리하게 다양한 음식을 만들어 먹을 수 있게 되었습니다.

채점 기준	상	빠르고 편리하게 다양한 음식을 만들어 먹을 수 있게 되었다고 쓴 경우
	중	생활이 편리해졌다고만 쓴 경우

12 옛날 사람들은 가락바퀴로 실을 만들어 옷을 만들어 입었습니다.

13 물레는 솜이나 털 등에서 실을 뽑아내는 도구, 베틀은 옷감을 만드는 도구입니다.

14 오늘날에는 방직기 등의 기계를 이용해 다양한 옷감을 빠르게 만듭니다.

채점 tip 다양한 옷감을 빠르고 편리하게 만들 수 있다는 내용을 썼으면 정답으로 합니다.

15 옷감을 꿰매는 도구는 '뼈바늘 → 쇠바늘 → 재봉틀'의 순서로 발달하였습니다.

16 (1)은 실을 뽑아서 옷감을 짜는 기계인 방직기, (2)는 바느질을 해 주는 기계인 재봉틀입니다.

17 옷을 만드는 도구가 발달하면서 다양한 종류의 옷을 쉽고 빠르게 만들 수 있게 되었습니다.

18 옛날 사람들은 먹을 것을 찾아 이동 생활을 했기 때문에 동굴이나 바위 그늘에서 살았습니다.

19 움집의 한가운데에는 불을 피워 음식을 만들어 먹고 따뜻하게 지낼 수 있었습니다.

20 움집에 살던 사람들은 한 공간에서 잠을 자고 음식을 먹는 등 다양한 활동을 했습니다.

21 초가집 지붕의 재료인 볏짚은 불에 타기 쉽고, 잘 썩었기 때문에 자주 지붕을 갈아 줘야 했습니다.

22 기와는 튼튼하고 불에 탈 걱정이 없었지만, 초가집 지붕의 재료인 볏짚은 불에 타기 쉽고 잘 썩었기 때문에 자주 지붕을 갈아 줘야 했습니다.

채점 기준	상	초가집과 기와집의 지붕의 특징을 모두 알맞게 쓴 경우
	중	초가집과 기와집의 지붕의 특징 중 한 가지에 대해서만 알맞게 쓴 경우

23 우리 조상들은 온돌을 사용해 추운 겨울을 따뜻하게 보낼 수 있었습니다.

24 아파트는 높게 지어서 여러 층으로 나눈 집으로, 사람들이 많이 모여 살 수 있습니다.

자료 다시보기

오늘날 집의 모습

주택

아파트

아파트는 높게 지어서 여러 층으로 나눈 집으로, 사람들이 많이 모여 살 수 있습니다.

25 기와집은 안채와 사랑채 등으로 이루어져 있습니다.

2 옛날과 오늘날의 세시 풍속

56쪽~59쪽 문제 학습

1 명절 2 ○ 3 단오 4 × 5 동지 6 세시 풍속 7 ④ 8 ④ 9 명절 10 ① 11 ③ 12 정월 대보름 13 예 달집태우기, 쥐불놀이, 오곡밥 먹기 14 한식 15 ⑤ 16 ① 17 ② 18 예 나쁜 기운을 쫓는다는 의미입니다. 19 ㉠, ㉢ 20 ①, ③ 21 ② 22 강강술래 23 (1) ○ (2) × (3) ○ (4) × 24 ① 25 예 팥죽을 만들어 먹었습니다.

6 사람들은 명절이 되면 여러 가지 세시 풍속을 즐깁니다.

7 세시 풍속은 명절날에 하는 일과 놀이, 먹는 음식, 입는 옷과 같이 일정한 날이나 계절에 반복하는 우리 고유의 풍속을 말합니다.

8 ④ 어린이날은 어린이들이 올바르고 슬기로우며 씩씩하게 자라도록 제정한 법정기념일입니다.

9 설날, 추석, 정월 대보름 등 옛날부터 해마다 즐기거나 기념하는 날을 명절이라고 합니다.

10 설날에는 윷놀이, 연날리기, 제기차기 등의 놀이를 합니다. ① 달집태우기는 정월 대보름에 하는 놀이입니다.

11 우리 조상들의 세시 풍속은 농사와 관련된 것이 많으며, 계절에 맞는 음식을 먹거나 덕담을 주고받는 등 건강과 복을 빌었습니다.

> **자료 다시보기**
>
> **우리나라 세시 풍속의 특징**
> • 조상들의 세시 풍속은 농사와 관련된 것이 많습니다.
> • 조상들은 계절과 날씨에 따라 알맞은 세시 풍속을 즐겼습니다.
> • 계절에 맞는 음식을 먹거나 덕담을 주고받는 등 건강과 복을 빌었습니다.

12 정월 대보름은 음력 1월 15일로, 새해의 첫 보름달이 뜨는 날입니다.

13 새해의 첫 보름달이 뜨는 날인 정월 대보름에는 달집태우기, 쥐불놀이, 오곡밥 먹기, 부럼 깨물기 등을 합니다.

> **채점 tip** 달집태우기, 쥐불놀이, 오곡밥 먹기 중 두 가지를 썼으면 정답으로 합니다.

14 한식은 동지로부터 105일째 되는 날로, 차가운 음식을 먹는 날입니다.

15 옛날 사람들은 씨를 뿌리는 시기인 한식이 되면 한 해 농사의 풍년을 빌기 위해 조상들의 산소에 성묘를 했습니다.

16 우리 조상들은 날씨가 무더워지는 시기인 단오에 다양한 세시 풍속으로 건강하게 생활했습니다.

17 단오에는 그네뛰기와 씨름 등 다양한 놀이를 즐겼습니다.

18 옛날 사람들은 단오에 나쁜 기운을 쫓는다는 의미로 창포물에 머리를 감았습니다.

> | 채점 | 상 | 나쁜 기운을 쫓는다는 의미라고 쓴 경우 |
> | 기준 | 중 | 머리를 깨끗이 씻기 위해서라고만 쓴 경우 |

19 사람들은 삼복에 닭백숙이나 육개장처럼 영양이 풍부한 음식을 먹으면서 더위를 이겨 냈습니다.

20 단오는 더위가 시작되는 시기, 삼복은 일 년 중 가장 더운 시기인 초복, 중복, 말복을 말합니다.

21 일 년 중 가장 더운 시기인 삼복에는 더위를 피해 계곡이나 산으로 놀러 가고, 영양이 풍부한 닭백숙, 육개장 등을 먹었습니다.

22 강강술래는 추석에 보름달 아래에서 여러 사람이 함께 손을 잡고 원을 그리며 빙빙 돌면서 춤을 추는 놀이입니다.

23 (2)는 삼짇날, (4)는 설날의 세시 풍속입니다.

> **자료 다시보기**
>
> **다양한 세시 풍속**
>
> | 삼짇날 | • 음력 3월 3일로, 새봄을 알리는 날임.
• 꽃놀이를 하고 진달래꽃으로 전을 만들어 먹었음. |
> | 백중 | • 음력 7월 15일로, 농사일이 끝나가는 시기임.
• 백중에 일꾼들은 일을 하지 않고 마음껏 먹고 놀았음. |

24 동지는 일 년 중에 밤이 가장 긴 날로, 한 해를 마무리하고 새해를 맞이하는 명절입니다.

25 우리 조상들은 동지에 나쁜 기운을 쫓는 의미로 팥죽을 만들어 먹었습니다.

> **채점 tip** 팥죽을 만들어 먹었다는 내용을 썼으면 정답으로 합니다.

62쪽~65쪽 문제 학습

1 추석　2 ○　3 설날　4 윷놀이　5 복조리　6
ⓒ, ⓔ　7 ④　8 소먹이놀이　9 ②　10 ④　11
예 가족의 건강과 복을 바라는 마음으로 세시 풍속
을 즐깁니다.　12 농사　13 ⑤　14 **예** 오늘날에
는 생활 모습이 달라졌기 때문입니다. 농사를 짓
는 사람이 줄었기 때문입니다.　15 ㉠, ㉢　16 ㉡
17 ④, ⑤　18 ⑤　19 윷놀이　20 ④　21 ①
22 (1) ○　23 복조리　24 **예** 복조리로 행복을 골
라내고자 하는 바람으로 벽에 복조리를 걸었습니다.
25 제기차기

6 옛날의 추석에는 마을 사람들과 소먹이놀이와 농
악, 강강술래, 줄다리기 등의 놀이를 즐겼습니다.

7 ④ 옛날에는 추석에 마을 사람들과 소먹이놀이와
농악을 즐기며 풍년이 오기를 빌었습니다.

8 추석에는 마을 사람들과 소먹이놀이와 농악, 강강
술래, 줄다리기 등을 즐겼습니다.

9 ② 떡국은 설날에 만들어 먹는 음식으로, 추석의 세
시 풍속과는 관련이 없습니다.

10 ④ 조상들은 설날부터 정월 대보름 사이에 윷놀이
를 즐겼으며, 윷놀이를 하면서 운세를 점치기도 했
습니다.

11 이 밖에도 설날에 차례를 지내고 세배하는 풍속이
있습니다.

채점 tip 차례 지내기, 세배하기, 달 보고 소원 빌기 등을 썼으면
정답으로 합니다.

자료 다시보기

옛날과 오늘날 세시 풍속의 공통점과 차이점

공통점	• 가족의 건강과 복을 바라는 마음으로 세시 풍속을 즐김. • 설날에 차례를 지내고 세배하는 풍속이 있음.
차이점	• 옛날에는 주로 농사와 관련된 세시 풍속을 즐겼고, 오늘날에는 농사와 관련된 세시 풍속이 많이 사라짐. • 오늘날에는 일정한 날이나 계절에 상관없이 재미로 놀이를 즐기고 음식을 먹음.

12 옛날에는 주로 농사와 관련된 세시 풍속을 즐겼습
니다.

13 ⑤ 오늘날에는 농사와 관련된 세시 풍속이 많이 사
라졌습니다.

14 오늘날에는 교통과 통신, 과학의 발달로 직업이 다
양해지면서 세시 풍속의 모습이 많이 바뀌었습니다.

채점 tip 생활 모습이 달라졌다는 내용을 썼으면 정답으로 합니다.

15 볏가릿대 세우기와 달집태우기는 정월 대보름과 관
련된 세시 풍속입니다.

16 ㉡ 소먹이놀이는 주로 추석에 즐기던 세시 풍속입
니다.

17 우리 조상들은 주로 농사를 짓고 살았기 때문에 주
로 농사와 관련된 세시 풍속을 즐겼습니다.

18 ⑤ 오늘날에는 농사와 관련된 세시 풍속이 많이 사
라졌지만, 큰 명절을 중심으로 세시 풍속이 이어져
오고 있습니다.

19 윷놀이는 도, 개, 걸, 윷, 모의 점수에 따라 말을 옮
기는 놀이입니다.

20 모가 나오면 윷말을 다섯 칸 이동합니다.

21 ① 윷놀이는 옛날부터 설날과 정월 대보름 사이에
즐기던 놀이입니다.

22 ② 윷을 던져서 윷 또는 모가 나오거나, 상대편 윷
말을 잡으면 윷을 한 번 더 던질 수 있습니다.

23 설날에 복조리를 집 벽에 걸어 두는 풍속이 있었습
니다.

자료 다시보기

복조리

• 설날에 복조리를 집 벽에 걸어
두는 풍속이 있었습니다.
• 조리가 깨끗한 쌀을 골라내는
것처럼 복조리로 행복을 골라
내고자 하는 바람으로 벽에 복
조리를 걸었습니다.

24 조리가 깨끗한 쌀을 골라내는 것처럼 복조리로 행
복을 골라내고자 하는 바람으로 벽에 복조리를 걸
었습니다.

채점 tip 복조리로 행복을 골라내고자 하는 바람으로 걸어 두었다
는 내용을 썼으면 정답으로 합니다.

25 제시된 사진은 제기차기 놀이를 하고 있는 모습입
니다.

BOOK **1** 개념북 **2** 단원

66쪽~67쪽 교과서 통합 핵심 개념

1 청동 **2** 소 **3** 가락바퀴 **4** 초가집 **5** 세시 풍속 **6** 정월 대보름 **7** 차례 **8** 제기차기

68쪽~70쪽 단원 평가 ❶ 회

1 ㉡ **2** ⑤ **3** ㉡, ㉠, ㉣, ㉢ **4** ㉘ 사람들이 음식 재료를 갈 때 사용했던 도구입니다. **5** ① **6** ② **7** ㉠, ㉣ **8** 명절 **9** ㉘ 조상들은 계절과 날씨에 따라 알맞은 세시 풍속을 즐겼습니다. **10** 쥐불놀이 **11** ①, ④ **12** ③ **13** ㉘ 차례를 지냅니다. 어른들께 세배를 드립니다. **14** ② **15** 윷놀이

1 ㉡ 빗살무늬 토기는 흙으로 만든 그릇입니다. ㉠은 실을 뽑는 도구인 가락바퀴, ㉢은 뼈낚시 도구, ㉣은 농사 도구인 반달 돌칼입니다.

2 비파형 동검은 청동 거울과 함께 하늘에 제사를 지낼 때 부족장이 사용하던 도구입니다.

3 곡식을 수확하는 도구는 '반달 돌칼 → 철로 만든 낫 → 탈곡기 → 콤바인'의 순으로 발달하였습니다.

4 옛날 사람들은 갈판에 재료를 올리고 갈돌로 재료를 갈았습니다.

   채점 tip 음식 재료를 가는 도구 또는 음식을 만드는 도구라고 썼으면 정답으로 합니다.

5 옷을 만드는 도구가 발달하면서 다양한 종류의 옷을 쉽고 빠르게 만들 수 있게 되었습니다.

6 옛날에 먹을 것을 찾아 옮겨 다녔던 사람들은 동굴이나 바위 그늘에서 추위와 더위를 피하고 사나운 짐승의 공격으로부터 몸을 보호했습니다.

7 ㉡ 아파트는 집 안에 부엌, 화장실이 있습니다. ㉢은 옛날에 움집에 살던 사람들의 생활 모습입니다.

8 명절은 설날, 추석, 정월 대보름, 동지 등 옛날부터 해마다 즐기거나 기념하는 날을 말합니다.

9 조상들의 세시 풍속은 농사와 관련된 것이 많았습니다.

   채점 tip 계절과 날씨에 따라 세시 풍속을 즐겼다는 내용을 썼으면 정답으로 합니다.

10 정월 대보름에는 나쁜 기운을 쫓기 위해서 달집태우기, 쥐불놀이를 했습니다.

11 사람들은 삼복에 영양이 풍부한 닭백숙, 육개장 등을 먹으면서 더위를 이겨 냈습니다.

12 동지는 일 년 중 밤이 가장 긴 날로, 나쁜 기운을 쫓는 의미로 팥죽을 만들어 먹었습니다.

13 옛날과 오늘날 설날에는 차례를 지내고 세배하는 풍속이 있습니다.

   채점 tip 예시 답안 중 한 가지를 썼으면 정답으로 합니다.

14 오늘날에는 농사와 관련된 풍속은 많이 사라졌고, 대부분 큰 명절을 중심으로 한 세시 풍속만 이어져 내려오고 있습니다.

15 윷놀이에는 풍년을 바라는 마음이 담겨 있으며 윷놀이를 통해 운세를 점치기도 했습니다.

71쪽~73쪽 단원 평가 ❷ 회

1 ④ **2** ㉣ **3** ㉘ 한 사람이 수확할 수 있는 곡식의 양이 많아졌습니다. **4** ㉢, ㉣, ㉡, ㉠ **5** ②, ③ **6** ④ **7** ㉘ 기와는 불에 잘 타지 않고, 썩지 않아서 지붕을 오랜 시간 바꾸지 않고 살 수 있었습니다. **8** ① **9** (1) 한식 (2) 성묘 **10** 단오 **11** ㉘ 나쁜 기운을 쫓기 위해서입니다. **12** ③ **13** ② **14** 윷놀이 **15** 복조리

1 ㉠은 청동 방울, ㉡은 청동 거울, ㉢은 비파형 동검, ㉣은 농경문 청동기입니다.

2 농경문 청동기에는 농사짓는 모습이 새겨져 있어서 당시의 생활 모습을 알 수 있습니다.

3 농사 도구를 만드는 재료는 돌에서 철로 점차 바뀌었는데, 철은 돌보다 날카롭고 튼튼했습니다.

   채점 tip 한 사람이 수확할 수 있는 곡식의 양이 많아졌다는 내용을 썼으면 정답으로 합니다.

4 옛날부터 사람들은 음식을 만들려고 여러 가지 도구를 만들어 사용했습니다.

5 옷감이나 실을 만드는 도구가 발달하면서 사람들은 다양한 종류의 옷을 쉽고 빠르게 만들 수 있게 되었습니다.

6 ①은 너와집, ②는 우데기집, ③은 주택, ④는 움집입니다.

7 ㉠은 볏짚을 엮어 지붕을 덮은 초가집이고, ㉡은 기와로 지붕을 덮은 기와집입니다.

채점 tip 기와집은 초가집과 달리 지붕을 오랜 시간 바꾸지 않고 살 수 있었다는 내용을 썼으면 정답으로 합니다.

8 우리 조상들은 정월 대보름에 달집태우기와 쥐불놀이를 했습니다. 그리고 풍년을 바라며 오곡밥을 먹고, 건강을 빌며 부럼을 깨 먹었습니다.

9 한식은 찬 음식을 먹는 날이라는 뜻이고, 사람들은 밭에 씨를 뿌리는 시기인 한식이 되면 조상의 산소를 찾아가 풍년을 빌며 성묘를 했습니다.

10 우리 조상들은 날씨가 무더워지는 시기인 단오에 다양한 세시 풍속으로 건강하게 생활했습니다.

11 우리 조상들은 동지에 나쁜 기운을 쫓는 의미로 팥죽을 만들어 먹었습니다.

채점 tip 나쁜 기운을 쫓기 위해서라는 내용을 썼으면 정답으로 합니다.

12 옛날 사람들은 추석에 마을 사람들과 함께 소먹이놀이와 농악, 강강술래, 줄다리기 등을 즐겼습니다.

13 오늘날에는 교통과 통신, 과학의 발달로 직업이 다양해지면서 세시 풍속의 모습이 많이 바뀌었습니다.

자료 다시보기

옛날부터 전해 내려오는 세시 풍속이 달라진 까닭
- 오늘날에는 교통과 통신, 과학의 발달로 옛날보다 직업이 다양해졌기 때문입니다.
- 오늘날에는 옛날보다 농사를 짓는 사람이 줄었기 때문입니다.
- 오늘날에는 많은 사람이 회사나 공장 등에서 일하여 계절과 날씨의 영향을 적게 받기 때문입니다.
- 계절별로 하던 세시 풍속을 오늘날에는 언제든지 할 수 있기 때문입니다.

---

14 윷놀이는 장소에 크게 영향을 받지 않고 남녀노소 누구나 즐길 수 있습니다.

15 조리가 깨끗한 쌀을 골라내는 것처럼 복조리로 행복을 골라내고자 하는 바람으로 벽에 복조리를 걸었습니다.

74쪽 **수행 평가 ❶회**

1 반달 돌칼 **2** ㉮, ㉰, ㉲, ㉴ **3** 예 사람들이 적은 힘으로 다양하고 많은 양의 곡식과 채소, 과일을 얻을 수 있게 되었습니다.

---

1 반달 돌칼은 옛날 사람들이 곡식을 벨 때 사용했던 도구입니다.

2 ㉯와 ㉳는 곡식을 수확하는 도구입니다.

3 농사 도구가 발달하면서 한 사람이 농사지을 수 있는 땅이 넓어지고 수확할 수 있는 곡식의 양이 많아졌습니다.

75쪽 **수행 평가 ❷회**

1 ㉠ 삼복 ㉡ 추석 **2** ㉮ 쥐불놀이 ㉯ 창포물 ㉰ 닭백숙 ㉱ 팥죽

1 삼복은 일 년 중 가장 더운 시기인 초복, 중복, 말복을 의미하며 더위를 피해 계곡이나 산으로 놀러 가고, 영양이 풍부한 닭백숙, 육개장 등을 먹었습니다. 추석은 음력 8월 15일로 '한가위'라고도 부르며, 송편과 토란국 등의 음식을 만들어 먹었습니다.

2 옛날에 우리 조상들은 농사와 관련하여 계절에 따라 나쁜 기운을 쫓고 복을 받기를 기원하고, 풍년을 기원하는 등 다양한 세시 풍속을 즐겼습니다.

76쪽 **쉬어 가기**

3. 가족의 모습과 역할 변화

1 가족의 구성과 역할 변화

80쪽~83쪽 문제 학습

1 결혼 **2** × **3** 폐백 **4** ○ **5** 확대 가족 **6** 가족 **7** (1) 출생 (2) 입양 **8** ㉠, ㉣, ㉡, ㉢ **9** ④ **10** ㉠ 말 ㉡ 가마 **11** ③ **12** 폐백 **13** 예 자식을 많이 낳고 부자가 되라는 의미가 담겨 있습니다. **14** ④ **15** 예 옛날과 달리 결혼식 장소와 방법, 결혼식에서 입는 옷이 다양해졌습니다. **16** (1) 턱시도 (2) 웨딩드레스 **17** ④ **18** ① **19** ⑤ **20** ㉠ 핵가족 ㉡ 확대 가족 **21** ⑤ **22** ⑤ **23** ④ **24** ④ **25** 예 취업이나 교육을 위해 다른 지역으로 이사를 가기 때문입니다. 개인 생활을 위해 독립하는 경우가 늘어났기 때문입니다.

6 가족은 부부, 형제자매, 조부모 등으로 이루어진 집단을 말합니다.

7 가족은 결혼, 출생, 입양 등으로 만들어집니다.

8 옛날에는 신부의 집에서 결혼식을 했으며, 혼례가 끝나면 부부는 신랑의 집으로 가서 폐백을 드렸습니다.

자료 다시보기

옛날의 결혼 풍습

1 신부의 집으로 이동하기 **2** 혼례 치르기
3 신랑의 집으로 이동하기 **4** 폐백 드리기

9 기러기는 죽을 때까지 사랑을 지키는 새로 알려져 있습니다.

10 옛날에는 신부의 집에서 혼례를 치르고 며칠을 지낸 후 신랑과 신부는 각각 말과 가마를 타고 신랑의 집으로 갔습니다.

11 ③ 신혼여행은 오늘날의 결혼식에서 볼 수 있는 모습입니다.

12 옛날에는 신부가 신랑의 집에 가서 폐백을 드렸고, 오늘날에는 결혼식장에 있는 폐백실에서 폐백을 드립니다.

13 어른들이 던져 주신 대추와 밤을 많이 받을수록 자식을 많이 낳고 부자가 된다고 믿었습니다.

채점 tip 자식을 많이 낳고 부자가 되라는 의미가 담겨 있다는 내용을 썼으면 정답으로 합니다.

14 오늘날에는 결혼식의 모습이 다양해지고 있습니다.

15 오늘날에는 결혼식 장소와 결혼식에서 입는 옷, 결혼식 방법 등이 다양합니다.

채점 tip 다양한 결혼식 장소와 방법이 있다는 내용을 썼으면 정답으로 합니다.

16 오늘날 결혼식에서 신랑은 주로 턱시도를 입고 신부는 주로 웨딩드레스를 입습니다.

17 오늘날 결혼식에서 신랑과 신부는 결혼반지를 주고받습니다.

18 ①은 옛날의 결혼식 모습입니다. 오늘날에는 대개 결혼식장에 있는 폐백실에서 폐백을 드립니다.

19 ⑤ 옛날과 오늘날의 결혼식 모습은 달라도 신랑과 신부를 축하해 주는 마음은 같습니다.

20 ㉠은 핵가족, ㉡은 확대 가족입니다.

21 ㉠에 나타난 가족은 결혼하지 않은 자녀와 부모가 함께 사는 핵가족으로, 오늘날에 쉽게 볼 수 있는 가족 형태입니다. ㉠ 핵가족은 ㉡ 확대 가족에 비해 가족의 구성원 수가 적은 편입니다.

22 옛날에는 주로 농사를 지으며 살아 일손이 많이 필요했기 때문에 자녀가 결혼한 후에도 부모와 함께 사는 경우가 많았습니다.

23 확대 가족은 결혼한 자녀와 부모가 함께 사는 가족을 말합니다.

24 오늘날에는 취업이나 교육을 위해 다른 지역으로 이사를 가거나 개인 생활을 중요시하여 독립하는 경우가 늘어났습니다.

25 오늘날에는 취업, 자녀 교육, 독립 등의 이유로 핵가족이 많아졌습니다.

채점 tip 자녀 교육, 취업, 독립 중 두 가지를 썼으면 정답으로 합니다.

1 옛날 **2** ○ **3** 평등 **4** × **5** 존중 **6** ④ **7** ⑤ **8** 없어지고, 가족이 함께 **9** (2) ○ **10** ㉠, ㉢ **11** ⑤ **12** ⑤ **13** ③ **14** ㉔ 남녀가 평등하다는 의식이 높아졌기 때문입니다. **15** ① **16** (1) × (2) ○ **17** ㉔ 대화를 나누면서 서로의 생각을 이해하려고 노력합니다. **18** ⑤ **19** ⑤ **20** 가은 **21** ⑤ **22** 역할극 **23** ㉔ 요양 보호사, 환자의 가족을 대신하여 환자를 간호하거나 보살피는 일을 합니다. **24** 역할 실천 계획표 **25** ④

6 ④ 옛날에는 남자는 주로 바깥일, 여자는 주로 집안일을 했습니다.

자료 다시보기

옛날 가족 구성원의 모습과 역할

남자아이 - 할아버지와 글공부를 합니다.

할머니, 어머니 - 아이들을 돌보고, 집안일을 모두 맡아서 합니다.

할아버지 - 집안의 중요한 일을 결정하고, 손주들의 교육을 맡습니다.

여자아이 - 어머니를 도와 집안일을 하거나 바느질을 합니다.

아버지 - 농사일을 합니다.

7 옛날에는 집안에서 나이 많은 어른이 집안의 중요한 일을 결정했습니다.

8 오늘날에는 남녀의 역할 구분이 없어지고, 가족 구성원이 역할을 나눠 집안일을 합니다.

9 옛날에는 여자가 주로 아이를 돌보았지만, 오늘날에는 부모가 함께 아이를 돌보는 경우가 많습니다.

10 오늘날에는 남녀가 평등하다는 의식이 높아졌습니다.

11 오늘날에는 가족이 함께 집안일을 나누어서 합니다.

12 오늘날에는 남녀의 역할 구분이 없어지고, 남녀 모두 교육받을 기회가 동등해졌습니다.

13 오늘날에는 남녀가 교육받을 기회가 동등해지면서 여성의 사회 활동이 많아졌기 때문에 가족 구성원의 역할이 변화하게 되었습니다.

14 오늘날에는 남녀가 평등하다는 의식이 높아졌습니다.

채점 tip 남녀가 평등하다는 의식이 향상되었다는 내용을 썼으면 정답으로 합니다.

> 이런 답도 가능해!
>
> 옛날과 달리 오늘날에는 남녀가 교육받을 기회가 동등해졌기 때문입니다. 남녀 모두 사회 활동의 기회가 동등해졌기 때문입니다.

15 서로 생각이나 마음이 맞지 않아 다투는 상황을 갈등이라고 합니다.

16 갈등은 서로 생각이나 마음이 맞지 않아 다투는 상황을 말합니다.

17 이 밖에도 가족 모두가 서로 존중하고 배려하는 마음을 가지고, 가족 구성원으로서 자신의 역할을 바로 알고 실천해야 합니다.

채점 tip 대화 나누기, 서로 존중하고 배려하기, 자신의 역할 실천하기 중 한 가지를 썼으면 정답으로 합니다.

18 가족이 함께 역할을 나누어 집안일을 해야 합니다.

19 가족 간의 갈등을 해결하기 위해서는 가족 모두가 서로 존중하고 배려하는 마음을 가져야 합니다.

20 가족 간의 갈등을 해결하기 위해서는 가족끼리 대화를 하면서 서로 이해하고 배려하며 협력하는 자세가 필요합니다.

21 행복한 가정을 만들기 위해서는 가족 구성원으로서 자신의 역할을 바로 알고 실천해야 합니다.

22 제시된 그림은 역할극으로 가족 구성원 간의 갈등을 해결하는 방법을 표현하는 활동 모습입니다.

23 오늘날에는 육아 도우미, 요양 보호사, 가족 상담사와 같은 가족을 돕는 직업이 있습니다.

채점 tip 가족을 돕는 직업과 하는 일을 알맞게 썼으면 정답으로 합니다.

> 이런 답도 가능해!
>
> • 육아 도우미, 부모가 어린 자녀를 돌보기 어려울 때 부모를 대신하여 아이를 돌보는 일을 합니다.
> • 가족 상담사, 가족들이 생활하면서 생긴 여러 가지 문제를 해결할 수 있도록 상담해 주는 일을 합니다.

24 역할 실천 계획표를 만들어 가족 구성원으로서 자기가 해야 할 역할을 쓰고, 계획한 역할을 잘 실천했는지 스스로 평가해 봅니다.

25 위 역할 계획표에서 가장 높은 점수를 받은 항목은 '학교에서 돌아와 숙제를 스스로 했다.'입니다.

BOOK ❶ 개념북

❸ 단원

② 다양한 가족이 살아가는 모습

92쪽~95쪽 문제 학습

1 ○ **2** 확대 가족 **3** × **4** 재혼 **5** 다양합니다
6 ③ **7** ② **8** ⑤ **9** ㉡ **10** ㉠ **11** 예 오늘날에는 사회가 변화하면서 다양한 형태의 가족이 늘어나고 있습니다. **12** ⑵ ○ **13** ③ **14** ⑴ ㉡ ⑵ ㉠ **15** ④ **16** ③ **17** ⑤ **18** 신문 **19** 입양 **20** 예 많은 아이가 건강하게 자랄 수 있도록 보살펴 주고 싶었기 때문입니다. **21** 재혼 가족 **22** ㉡ **23** ㉢ **24** ② **25** 예 다문화 가족, 한 부모 가족 / 우리 사회에는 다양한 형태의 가족이 함께 살아가고 있습니다.

6 우리 사회에는 우리 가족과 같거나 비슷한 형태의 가족도 있고, 다른 형태의 가족도 있습니다.

7 확대 가족은 결혼한 자녀와 부모가 함께 사는 가족입니다.

8 부모님 중 한 분과 자녀로만 이루어진 가족을 한 부모 가족이라고 합니다.

9 ㉡은 원래 한 가족이 아니었는데 새롭게 한 가족이 된 재혼 가족의 모습을 보여 주고 있습니다.

자료 다시보기

다양한 가족의 모습

입양 가족	한 부모 가족
☆☆ 입양원 / 이제 우리 아들이에요!	엄마와 오빠가 있어서 든든해요!

조손 가족	재혼 가족
할아버지, 할머니가 부모님을 대신해 주세요.	엄마가 결혼을 하면서 새로운 가족이 생겼어요.

다문화 가족	
아빠 나라로 여행 가 보고 싶어요!	엄마의 고향 음식인 쌀국수가 제일 맛있었어요!

10 부모님 중 한 분이 외국인인 가족을 다문화 가족이라고 합니다.

11 우리 사회에는 우리 가족과 같거나 비슷한 형태의 가족도 있고, 다른 형태의 가족도 있습니다.

채점 tip 다양한 형태의 가족이 있다는 내용을 썼으면 정답으로 합니다.

12 부부가 직접 낳지 않았지만 입양을 통해서 이루어진 가족의 형태를 입양 가족이라고 합니다.

13 조손 가족은 부모 없이 할아버지, 할머니와 손자, 손녀가 함께 사는 가족입니다.

14 ㉠은 재혼 가족, ㉡은 다문화 가족에 대한 설명입니다.

15 우리 사회에는 우리 가족과 같거나 비슷한 형태의 가족도 있고, 다른 형태의 가족도 있습니다.

16 ③ 세계 지도를 살펴보는 것은 가족의 생활 모습을 살펴보는 방법으로 알맞지 않습니다.

17 만화, 신문, 영화, 일기 등에서 다양한 가족의 생활 모습을 살펴볼 수 있습니다.

18 제시된 자료는 신문 기사로, 뉴스나 신문을 통해 우리 사회의 다양한 가족의 형태를 살펴볼 수 있습니다.

19 제시된 신문 기사는 입양 가족에 관한 것입니다.

20 부부는 모든 아이가 건강하게 자라도록 사랑으로 보살피고 있습니다.

채점 기준	상	아이가 건강하게 자랄 수 있도록 보살펴 주고 싶었기 때문이라고 쓴 경우
	중	아이를 키우기 위해서라고만 쓴 경우

21 재혼을 한 부부와 그의 자녀들로 구성된 가족을 재혼 가족이라고 합니다.

22 글을 통해서 어머니가 외국인인 다문화 가족임을 알 수 있습니다.

23 할아버지, 할머니와 손녀가 함께 사는 가족의 모습입니다.

24 일기를 쓴 아이는 할머니, 아빠와 함께 살고 있습니다.

25 제시된 그림에는 다문화 가족, 한 부모 가족이 있습니다.

채점 기준	상	그림에 나타난 가족의 형태 두 가지와 그림을 통해 알 수 있는 사실을 모두 알맞게 쓴 경우
	중	그림에 나타난 가족의 형태 두 가지만 알맞게 쓴 경우

98쪽~101쪽 문제 학습

1 배려 2 × 3 존중 4 역할극 5 ○ 6 ⑤ 7 ③ 8 ③ 9 예 다양한 가족이 모두 행복하게 지내기 위해서 다른 가족을 돕고 배려합니다. 10 ㉡, 여러 가지 11 ⑤ 12 ⑤ 13 ① 14 ③ 15 뉴스 16 ② 17 ③ 18 예 사랑하고 아끼는 마음 19 ② 20 ④ 21 ③ 22 ㉠, ㉢ 23 ④ 24 ① 25 예 동물이라고 해서 함부로 키우거나 버리지 말고 책임감을 느껴야 합니다.

6 다른 가족의 모습이 낯설다고 좋지 않게 생각하거나 무시하면 상처를 줄 수 있습니다.

7 자기 일을 스스로 하되, 가족이 어려운 일을 겪고 있으면 서로 도와주어야 합니다.

8 가족의 모습이 우리 가족과 다르다고 이상하게 생각하지 않고, 다른 가족도 소중하게 여기고 존중하는 태도가 필요합니다.

9 다양한 가족의 모습을 이해하려고 노력해야 합니다.

   채점 tip 다양한 가족을 대하는 바람직한 태도 한 가지를 알맞게 썼으면 정답으로 합니다.

   > **이런 답도 가능해!**
   > 다양한 가족의 모습을 이해하려고 노력합니다. 가족의 모습과 우리 가족과 다르다고 이상하게 생각하지 않습니다. 다양한 가족이 모두 행복하게 지내기 위해서 다른 가족을 돕고 배려합니다.

10 우리 사회에는 다양한 형태의 가족이 여러 가지 모습으로 함께 살아가고 있습니다.

11 우리 사회에는 우리 가족과 같거나 비슷한 형태의 가족도 있고, 다른 형태의 가족도 있습니다.

12 ⑤ 현장 체험 학습은 가족의 생활 모습을 표현하는 방법이 아닙니다.

13 역할극 대본으로 다양한 가족의 생활 모습을 표현하면 직접 역할극에 나오는 인물이 되어서 상황을 이해하기 쉽습니다.

14 제시된 역할극 대본에 나타난 가족은 조부모님과 손녀로만 이루어진 조손 가족입니다.

15 기자가 되어 다양한 가족의 모습을 뉴스로 소개할 수 있습니다.

16 다양한 가족의 생활 모습을 만화로 표현하면 각 가족의 특징을 재미있게 볼 수 있습니다.

17 제시된 글은 작품을 감상하고 알게 된 점을 정리한 내용입니다.

18 가족의 형태나 사는 모습은 달라도 가족 구성원끼리 사랑하고 아끼는 마음은 똑같습니다.

   채점 tip 서로를 존중하는 마음, 사랑하고 아끼는 마음 등과 같은 내용을 썼으면 정답으로 합니다.

19 ② 가족은 실수했을 때도 이해해 주고 자신감과 용기를 가질 수 있도록 항상 격려해 줍니다.

20 ④ 이기적인 마음보다는 서로 이해하고 양보하는 마음을 배울 수 있습니다.

21 ③ 가족은 경쟁의 대상이 아니라 서로 돕고 사랑하는 사이입니다.

22 ㉡ 가족은 실수했을 때에도 이해해 주고 항상 격려해 주어야 합니다. ㉢ 사회생활에 필요한 규칙과 예절은 가족과 생활하면서 배웁니다.

23 ④ 가족은 서로의 부족함을 채워 줍니다.

24 ① 제시된 가족은 자녀 없이 부부로 이루어진 가족으로, 핵가족에 해당합니다.

25 반려동물과 함께 생활하는 가족은 반려동물을 가족 구성원과 같이 소중하게 생각합니다.

채점 기준	상	반려동물을 키울 때 책임감을 느껴야 한다고 쓴 경우
	중	잘 키운다고만 쓴 경우

> **자료 다시보기**
>
> **반려동물과 함께 생활하는 가족**
>
>
>
> 자녀가 없는 우리에게 콤바는 딸과 같아요.
>
> • 반려동물의 뜻: 사람과 함께 살아가는 존재로 여기며 가까이 두고 감정을 교류하며 지내는 개, 고양이, 물고기 등의 동물을 말합니다.
> • 반려동물에 대한 사람들의 생각: 많은 사람이 반려동물을 가족 구성원과 같이 소중하게 생각합니다.
> • 반려동물과 함께 생활할 때 필요한 자세: 동물이라고 해서 함부로 키우거나 버리지 말고 책임감을 느껴야 합니다.

102쪽~103쪽 **교과서 통합 핵심 개념**

1 가족 2 나무 기러기 3 핵가족 4 배려 5 조손 가족 6 존중 7 역할극 8 보금자리

104쪽~106쪽 **단원 평가 ①회**

1 ② 2 ① 3 예 사람들에게 두 사람이 부부가 된 것을 알립니다. 4 ② 5 (1) ㉢ (2) ㉠ (3) ㉤ 6 ① 7 ⑤ 8 동훈 9 예 가족이 함께 역할을 나눠 집안일을 합니다. 10 구성원 11 ① 12 입양 13 ② 14 (1) ○ 15 예 직접 인물이 되어서 상황을 이해하기 좋습니다.

1 ② 신랑이 나무 기러기를 혼례상에 놓으면 혼례가 시작됩니다.

2 옛날과 달리 오늘날에는 결혼식 장소와 방법, 결혼식에서 입는 옷이 다양해졌습니다.

자료 다시보기

오늘날의 다양한 결혼식 모습

▲ 결혼식장 결혼식

▲ 야외 결혼식

▲ 이색 결혼식

▲ 전통 혼례

옛날과 달리 결혼식 장소와 방법, 결혼식에서 입는 옷이 다양해졌습니다.

3 이 밖에 옛날과 오늘날의 결혼식 모두 가족과 친척이 모여 신랑과 신부의 행복한 미래를 축복해 줍니다.

채점 기준	상	'사람들에게 두 사람이 부부가 된 것을 알린다.', '가족과 친척이 모여 신랑과 신부의 행복한 미래를 축복한다.' 중 한 가지를 알맞게 쓴 경우
	중	'결혼식을 한다.'와 같이 미흡하게 쓴 경우

4 옛날에는 주로 농사를 지어 일할 사람이 많이 필요했기 때문에 자녀가 결혼을 해도 부모와 함께 사는 경우가 많았습니다.

자료 다시보기

옛날과 오늘날의 가족 형태

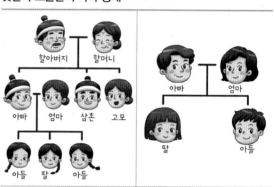

옛날에는 할아버지와 할머니, 고모, 삼촌까지 함께 생활하는 경우가 많았습니다.	오늘날에는 확대 가족은 점점 줄어들고 핵가족은 늘어나고 있습니다.

5 옛날에는 가족 구성원의 역할이 구분되어 있었습니다.

6 제시된 그림은 부부가 자녀를 함께 돌보는 모습입니다.

7 옛날과 달리 오늘날에는 남녀가 교육받을 기회가 동등해졌기 때문에 가족 구성원의 역할이 변하게 되었습니다.

8 자신의 편안함만을 생각하기보다 가족 안에서 자신의 역할을 바로 알고 실천하는 자세가 필요합니다.

9 행복한 가정을 만들기 위해서 가족 모두가 서로 존중하고 배려하는 마음을 가져야 합니다.

채점 기준	상	제시된 그림과 관련한 실천 방법을 알맞게 쓴 경우
	중	제시된 그림과 관련한 실천 방법을 한 가지 썼으나 미흡한 경우

이런 답도 가능해!

가족 모두가 서로 존중하고 배려하는 마음을 가져야 합니다. 문제가 생겼을 때는 대화를 나누며 협력하고 함께 해결해야 합니다. 가족 구성원으로서 자신의 역할을 알고 실천해야 합니다.

10 오늘날에는 사회가 변화하면서 다양한 형태의 가족이 늘어나고 있습니다.

11 ① 옛날보다 오늘날의 가족 형태가 더 다양합니다.

> **자료 다시보기**
>
> **오늘날 가족 형태의 특징**
> • 오늘날에는 사회가 변화하면서 다양한 형태의 가족이 늘어나고 있습니다.
> • 우리 사회에는 우리 가족과 같거나 비슷한 형태의 가족도 있고, 다른 형태의 가족도 있습니다.

12 혈연관계가 아닌 사람과 자식 관계를 맺는 것을 입양이라고 합니다.

13 부모님 중 한 분이 외국인인 형태의 가족을 다문화 가족이라고 합니다.

> **자료 다시보기**
>
> **다문화 가족**
>
>
>
> 아빠 나라로 여행 가 보고 싶어요!
> 엄마의 고향 음식인 쌀국수가 제일 맛있어요!
>
> 부모님 중 한 분이 외국인인 가족을 다문화 가족이라고 합니다.

14 가족의 모습이 우리 가족과 다르다고 이상하게 생각하지 않습니다.

15 역할극 대본을 써서 역할극으로 가족의 모습을 표현하면 직접 다른 형태의 가족이 되어 볼 수 있어서 그 가족의 생각을 알 수 있습니다.

채점 tip 직접 인물이 되어서 상황을 이해하기 좋다는 내용을 썼으면 정답으로 합니다.

> **자료 다시보기**
>
> **다양한 가족의 생활 모습 표현 방법**
>
>
>
> 역할극 하기 | 뉴스로 표현하기 | 그림으로 표현하기
>
> 다양한 가족을 여러 방법으로 표현하면서 다양한 가족을 존중하는 태도를 기를 수 있습니다.

1 나무 기러기 **2** ② **3** 예 결혼식을 하는 장소, 방법, 입는 옷 등이 달라졌습니다. **4** 확대 가족 **5** ⑤ **6** ⑤ **7** ③ **8** ㉡ **9** 예 문제가 생겼을 때는 대화를 나누며 협력하고 함께 해결해야 합니다. **10** ③ **11** ㉡ **12** ㉠ **13** 예 다양한 가족의 모습을 이해하려고 노력합니다. 가족의 모습이 우리 가족과 다르다고 이상하게 생각하지 않습니다. **14** ③ **15** ②

1 기러기는 죽을 때까지 사랑을 지키는 새로 알려져 있습니다. 옛날에 신랑은 혼례를 치르기 위해 나무 기러기를 가지고 신부의 집으로 말을 타고 갔습니다.

> **자료 다시보기**
>
> **옛날의 결혼식 모습**
>
> | **1** 신부의 집으로 이동하기 | 신랑은 혼례를 치르기 위해 나무 기러기를 가지고 신부의 집으로 말을 타고 감. |
> | --- | --- |
> | **2** 혼례 치르기 | • 신랑이 나무 기러기를 혼례상에 놓으면 혼례가 시작됨.
• 신랑과 신부는 전통 혼례복을 입고 혼례를 치름. |
> | **3** 신랑의 집으로 이동하기 | 혼례가 끝나면 신부의 집에서 며칠 동안 머무른 후 신랑과 신부는 함께 신랑의 집으로 감. |
> | **4** 폐백 드리기 | 신랑의 집에 도착한 신부는 신랑의 집안 어른들게 첫인사로 폐백을 드림. |

2 폐백은 결혼할 때 신부가 시부모와 시댁 친척 어른들에게 음식을 바치며 절하는 것을 말합니다.

3 오늘날의 결혼식 모습은 서양의 결혼 문화가 들어와 우리나라의 혼례 문화와 결합한 것입니다.

> | **채점 기준** | 상 | 결혼식을 하는 장소, 방법, 입는 옷 중 두 가지를 알맞게 쓴 경우 |
> | --- | --- | --- |
> | | 중 | 결혼식을 하는 장소, 방법, 입는 옷 중 한 가지만 알맞게 쓴 경우 |

4 옛날에는 농사를 지어 일손이 많이 필요했기 때문에 자녀가 결혼을 해도 따로 살지 않고 함께 모여 살았습니다.

5 ⑤ 오늘날에는 가족의 규모가 작아졌습니다.

6 ⑤ 옛날에는 할아버지나 아버지와 같은 집안에서 나이 많은 남자 어른이 가족의 중요한 일을 결정했습니다.

BOOK ❶ 개념북 3 단원

7 옛날에 여자아이는 어머니를 도와 집안일을 하거나 바느질을 했습니다.

8 오늘날에는 가족 구성원 모두의 의견을 존중하여 가족의 일을 함께 의논하여 결정합니다.

> **자료 다시보기**
>
> **오늘날 가족 구성원의 역할**
> • 남녀의 역할 구분이 없어지고, 남녀 모두 교육받을 기회가 동등해졌습니다.
> • 여성의 사회 활동이 활발해졌습니다.
> • 가족 구성원이 집안일을 함께 나누어서 합니다.

9 이 밖에도 가족 모두가 서로 존중하고 배려하는 마음을 가져야 하고, 가족 구성원으로서 자신의 역할을 알고 실천해야 합니다.

채점 tip 제시된 행복한 가정을 만들기 위한 실천 방법 한 가지를 알맞게 썼으면 정답으로 합니다.

10 ③ 가족은 결혼뿐만 아니라 출산, 입양 등을 통해서도 만들어집니다.

11 제시된 그림은 부모님 중 아버지가 외국인인 다문화 가족의 모습입니다.

12 제시된 그림은 부부가 직접 낳지는 않았지만, 입양을 통해 이루어진 가족의 모습입니다.

13 다양한 가족의 삶의 모습을 존중해야 합니다.

채점 tip '다양한 가족의 모습을 이해하려고 노력한다.', '다양한 가족이 모두 행복하게 지내기 위해서 다른 가족을 돕고 배려한다.'와 같이 다양한 가족을 대하는 바람직한 태도 두 가지를 알맞게 썼으면 정답으로 합니다.

14 지도 그리기는 다양한 가족의 생활 모습을 표현하는 방법으로 알맞지 않습니다.

15 ② 가족끼리 서로 돕고 사랑하는 것이 무엇보다 중요합니다.

> **자료 다시보기**
>
> **가족의 의미 표현하기**
> • 가족과 생활하며 사회생활에 필요한 여러 가지 규칙과 예절을 배울 수 있습니다.
> • 가족의 형태가 달라도 그들의 가정은 그 가족 구성원들에게 중요한 쉼터이자 보금자리입니다.
> • 가족은 실수했을 때도 이해해 주고 자신감과 용기를 가질 수 있도록 항상 격려해 줍니다.

110쪽　수행 평가 ❶회

> 1 (1) ㈎, ㈐ (2) ㈏, ㈐ 2 ㉠ 신부의 집 ㉡ 나무 기러기 ㉢ 예 결혼식장에 있는 폐백실에서 폐백을 드립니다. 신혼여행을 갑니다.

1 ㈎, ㈐는 옛날의 결혼식 모습, ㈏, ㈐는 오늘날의 다양한 결혼식 모습입니다.

2 옛날과 오늘날의 결혼식은 결혼식을 하는 장소, 결혼식을 할 때 입는 옷, 결혼식을 하는 방법 등이 다릅니다.

111쪽　수행 평가 ❷회

> 1 ㈏ 2 예 우리 사회에는 우리 가족과 같거나 비슷한 형태의 가족도 있고, 다른 형태의 가족도 있습니다.

1 제시된 신문 기사는 입양 가족을 소개하고 있습니다.

2 오늘날에는 사회가 변화하면서 다양한 형태의 가족이 늘어나고 있습니다.

112쪽　쉬어 가기

1. 환경에 따라 다른 삶의 모습

1 우리 고장의 환경과 생활 모습

2쪽 묻고 답하기 ❶회

1 자연환경 2 생활 모습 3 공원 4 겨울 5 그래프 6 산이 많은 7 도시 8 양식장 9 여가 생활 10 인문

3쪽 묻고 답하기 ❷회

1 인문환경 2 산 3 댐 4 날씨 5 비 6 고장 안내도 7 논과 밭 8 회사 9 염전 10 자연환경

4쪽~7쪽 중단원 평가

1 ① 2 ④, ⑤ 3 인문환경 4 ⑤ 5 ② 6 (1) ㉠, ㉣ (2) ㉡, ㉢ 7 ㉣ 8 그래프 9 ④ 10 예 여름에는 기온이 높고 비가 많이 오며, 겨울에는 기온이 낮고 강수량이 가장 적습니다. 11 ①, ③ 12 예 스키장, 목장 13 ⑤ 14 ⑤ 15 예 바다에서 물고기를 잡거나 기릅니다. 해녀들이 바닷속에 들어가서 해산물을 잡습니다. 16 ③ 17 예 고장마다 자연환경과 인문환경이 다르기 18 여가 생활 19 ② 20 선우, 예원

1 ① 논은 농사를 짓기 위해 사람들이 만든 인문환경입니다.

2 눈, 비, 기온, 바람 등의 자연환경은 날씨에 영향을 줍니다. ①, ②, ③은 땅의 생김새에 해당합니다.

3 자연환경을 이용해 사람들이 만든 환경을 인문환경이라고 합니다.

4 사람들은 바다에서 물고기를 잡거나, 배가 드나들 수 있는 항구를 지어 이용합니다.

5 사람들은 들에 논과 밭을 만들어 농사를 짓거나 도로와 아파트, 건물 등을 짓습니다.

6 ㉠, ㉣은 산을 이용하는 모습 ㉡, ㉢은 바다를 이용하는 모습입니다.

7 ㉣은 산 위의 강한 바람을 이용하여 전기를 만들어 사용하는 풍력 발전기의 모습입니다.

8 그래프를 이용하면 조사한 자료를 정리해 알아보기 쉽게 나타낼 수 있습니다.

9 ④ 오른쪽의 강수량 그래프를 보면 10월(가을)의 평균 강수량은 44mm입니다.

10 제시된 그래프를 통해 여름에는 덥고 비가 많이 오며, 겨울에는 춥고 강수량이 가장 적다는 것을 알 수 있습니다.

채점 tip 여름과 겨울의 기온과 강수량 특징을 모두 알맞게 썼으면 정답으로 합니다.

11 ②, ④, ⑤는 바다가 있는 고장에 사는 사람들이 하는 일입니다.

12 산이 많고 눈이 많이 오는 고장에서는 산비탈에 스키장이나 썰매장을 만들고 그 주변에서 식당이나 숙박 시설을 운영하기도 합니다.

13 제시된 글은 논과 밭이 있는 고장의 생활 모습입니다.

14 도시에는 많은 시설을 비롯한 인문환경이 있어서 사람들은 이것을 활용해서 다양한 일을 합니다.

15 바다가 있는 고장에는 바다, 모래사장, 갯벌 등이 있습니다.

| 채점 기준 | 상 | 바다가 있는 고장에 사는 사람들이 자연환경을 이용해 하는 일 두 가지를 알맞게 쓴 경우 |
| | 중 | 바다가 있는 고장에 사는 사람들이 자연환경을 이용해 하는 일을 한 가지만 알맞게 쓴 경우 |

이런 답도 가능해!

바닷물을 이용하여 소금을 얻습니다. 배나 고기잡이 도구를 팔거나 고쳐줍니다. 해수욕장에 놀러 온 사람들을 위해 식당이나 숙박 시설을 운영합니다.

16 스키장은 산이 많은 고장에서 볼 수 있는 인문환경입니다.

17 고장 사람들은 그 고장의 자연환경과 인문환경을 이용한 일을 합니다.

채점 tip 고장마다 환경이 다르기 때문이라는 내용을 썼으면 정답으로 합니다.

18 사람들은 자신이 살고 있는 고장이나 다른 고장의 환경을 이용해 다양한 여가 생활을 합니다

19 ②는 자연환경 중 하천을 이용한 여가 생활입니다.

자료 다시보기

인문환경을 이용한 여가 생활 모습

▲ 박물관 견학

▲ 공원 산책

▲ 영화 관람

▲ 놀이 기구 이용

20 영화 감상, 도서관에서 책 읽기는 인문환경을 이용한 여가 생활입니다.

2 환경에 따른 의식주 생활 모습

8쪽 묻고 답하기 **1**회

1 의식주 **2** 의 **3** 날씨 **4** 겨울 **5** 낮과 밤의 기온 차가 큰 **6** 식생활 **7** 덥고 비가 많이 오는 **8** 재료 **9** 동굴 집 **10** 너와집

9쪽 묻고 답하기 **2**회

1 식(음식) **2** 주(집) **3** 여름 **4** 잠수복 **5** 사막 **6** 바다 **7** 산지가 많은 **8** 도시 **9** 이즈바 **10** 우데기

10쪽~13쪽 중단원 평가

1 ㉠ 옷 ㉡ 음식 ㉢ 집 **2** ② **3** ② **4** ⑩ 고장에 따라 날씨가 차이가 나기 때문입니다. **5** 겨울 **6** ① **7** ① **8** ⑤ **9** (1) ○ **10** ㉠, ㉢ **11** 춘천 **12** ② **13** ⑩ 날씨가 추우면 과일이나 채소를 기르기 어려워, 고기나 생선을 오래 보관할 수 있도록 말린 음식이 많습니다. **14** 치즈 **15** ③ **16** ⑩ 고장의 날씨나 땅의 생김새 등에 따라 집을 짓는 재료가 다양하고 집의 모습이 다르기 때문입니다. **17** ③ **18** 터돋움집 **19** ③ **20** ④

1 사람이 살아가기 위해 꼭 필요한 옷, 음식, 집을 의식주라고 합니다.

2 모자, 스웨터, 바지, 점퍼, 목도리 등은 몸을 보호하고 체온을 유지하기 위해 필요한 의(옷)입니다.

3 사람들이 더위와 추위를 피하고 안전하고 편안하게 쉬기 위해 집이 필요합니다.

4 날씨는 고장에 따라 차이가 나기 때문에 고장별로 사람들의 옷차림은 다릅니다.

> 채점 tip 고장별로 날씨가 다르기 때문이라는 내용을 썼으면 정답으로 합니다.

5 제시된 사진에서 어린이가 목도리를 두르고 모자와 장갑을 착용한 것으로 보아 계절이 겨울임을 알 수 있습니다.

자료 다시보기

계절에 따라 달라지는 옷차림

봄 / 여름 / 가을 / 겨울

6 세계 각 고장의 날씨에 따라 사람들의 의생활 모습도 다양합니다.

7 제시된 사진은 사막에 있는 고장 사람들의 의생활 모습입니다. 사막에서는 뜨거운 햇볕과 모래바람을 막으려고 긴 옷을 입고 머리에는 천을 둘러 감습니다.

8 제시된 사진과 같이 춥고 눈이 많이 오는 고장에서는 동물의 털이나 가죽으로 만든 두꺼운 옷을 입고 발목까지 감싸는 부츠를 신습니다.

9 페루는 높은 산에 위치해 있어 낮의 뜨거운 햇볕을 막고 밤의 추위를 견디려고 망토와 같은 긴 옷을 걸치고 모자를 씁니다.

10 ㉠ 대게찜은 영덕군 앞바다에서 대게가 잘 잡혀서 발달한 음식입니다. ㉡ 꼬막무침은 보성의 갯벌에서 나는 꼬막으로 만든 음식입니다.

11 춘천시는 산이 많고 날씨가 서늘해 메밀이 잘 자랍니다.

> **자료 다시보기**
> **고장의 환경에 영향을 받아 발달한 음식**
>
> ▲ 감자옹심이(영월) ▲ 호두과자(천안) ▲ 대게찜(영덕)
> ▲ 꼬막무침(보성) ▲ 파전(부산) ▲ 옥돔구이(제주)

12 날씨가 덥고 습한 고장에서는 주변에서 쉽게 구할 수 있는 열대 과일을 이용한 음식이 많습니다.

13 이 밖에 날씨가 추운 고장에서는 날씨가 추워도 잘 자라는 호밀과 같은 곡식을 이용한 음식이 많습니다.

> **채점 tip** '고기나 생선을 말린 음식이 많다.', '호밀과 같은 곡식을 이용한 음식이 많다.' 중 한 가지를 썼으면 정답으로 합니다.

14 산지에서 젖소를 키우는 고장에서는 치즈를 많이 만듭니다.

15 바다로 둘러싸인 고장에서는 바다에서 얻은 해산물을 이용한 음식이 많습니다.

16 여러 고장의 계절과 날씨, 땅의 생김새 등은 고장 사람들의 주생활에 영향을 미칩니다.

채점 기준	상	날씨, 땅의 생김새 등에 따라 집을 짓는 재료가 다양하고 집의 모습이 다르기 때문이라고 쓴 경우
	중	날씨가 달라라고만 쓴 경우

17 옛날에 강원도 산지 사람들이 살던 너와집은 주변에서 쉽게 구할 수 있는 나뭇조각으로 지붕을 얹은 집입니다.

18 제시된 설명은 터돋움집에 대한 설명입니다.

19 몽골에서는 양에게 먹일 물과 풀을 찾아 자주 옮겨 다녀야 하기 때문에 이동에 편리한 집에서 삽니다.

20 터키의 화산 폭발이 있었던 고장에서는 단단하지 않은 바위를 파서 그 속에 집을 지었습니다.

14쪽~17쪽 대단원 평가

1 자연환경 **2** (1) ㉠, ㉢ (2) ㉡, ㉢ **3** ③ **4** ② **5** ② **6** ㉠, ㉡, ㉢ **7** ④ **8** 예 양식장에서 김, 미역 등을 기릅니다. 관광객을 위해 식당이나 숙박 시설을 운영합니다. **9** ⑤ **10** ③ **11** 의식주 **12** ② **13** 예 바람이 잘 통하는 재료로 만든 얇은 반팔 옷과 반바지를 입고, 햇볕을 막는 모자를 씁니다. **14** ⑤ **15** ④ **16** ② **17** 예 날씨가 덥고 비가 많이 내려 습합니다. **18** ① **19** ㉢ **20** ㉡, 너와집

1 환경은 사람이 살아가는 데 영향을 주는 우리 주변의 모든 것을 말합니다. 그중에서 산, 들, 하천, 바다와 같은 땅의 생김새와 날씨에 영향을 주는 눈, 비, 바람, 기온 등을 자연환경이라고 합니다.

2 자연환경은 산, 들, 하천, 바다와 같은 땅의 생김새와 날씨에 영향을 주는 눈, 비, 바람, 우박 등을 말합니다.

3 ③ 염전은 바다를 이용하는 모습입니다.

4 ② 하천은 땅의 생김새로, 자연환경입니다.

5 도영이네 고장은 여름에 강수량이 가장 많고, 겨울에 강수량이 가장 적습니다.

6 ㉢ 바다가 있는 고장 사람들은 양식장에서 김, 미역 등을 기릅니다.

7 ④ 양식장에서 김, 미역 등을 기르는 일은 바다가 있는 고장 사람들이 주로 하는 일입니다.

8 바다가 있는 고장에는 식당, 숙박 시설, 항구, 양식장 등의 인문환경이 있습니다.

채점 기준	상	바다가 있는 고장에 사는 사람들이 인문환경을 이용해서 하는 일 두 가지를 알맞게 쓴 경우
	중	바다가 있는 고장에 사는 사람들이 인문환경을 이용해서 하는 일을 한 가지만 알맞게 쓴 경우

9 ⑤ 사람들은 자신이 살고 있는 고장이나 다른 고장의 환경을 이용해 다양한 여가 생활을 합니다.

10 ③ 산에서 패러글라이딩을 하는 것은 산이라는 자연환경을 이용한 여가 생활입니다.

11 옷, 음식, 집은 우리가 살아가는 데 가장 기본적이고 필수적인 것입니다.

12 음식은 활동에 필요한 영양소와 힘을 얻기 위해서 필요합니다.

13 여름에는 더위를 피하고 몸을 시원하게 하려고 바람이 잘 통하는 재료로 만든 얇은 반팔 옷과 반바지를 입고, 햇볕을 막는 모자를 쓰기도 합니다.

채점 기준	상	여름에 볼 수 있는 의생활 모습 두 가지를 알맞게 쓴 경우
	중	여름에 볼 수 있는 의생활 모습을 한 가지만 알맞게 쓴 경우

14 사막에서는 더운 날씨를 피하고 뜨거운 햇볕과 모래바람을 막으려고 긴 옷을 입고 머리에 천을 둘러 감습니다.

15 제시된 옷차림은 낮과 밤의 기온 차가 큰 페루에서 볼 수 있는 의생활 모습입니다.

자료 다시보기

세계 여러 고장의 자연환경과 의생활 모습

사막에 있는 고장	덥고 비가 많이 내리는 고장
사우디아라비아	베트남
춥고 눈이 많이 오는 고장	낮과 밤의 기온 차가 큰 고장
캐나다	페루

16 바다가 있는 고장에서는 해산물을 이용해 만든 음식을 주로 먹습니다.

17 날씨가 덥고 비가 많이 내려 습한 고장에서는 주변에서 쉽게 구할 수 있는 열대 과일을 이용한 음식이 많으며, 벼농사가 활발하여 쌀을 이용한 음식이 발달했습니다.

채점 tip '날씨가 덥고 습하다.', '덥고 비가 많이 온다.' 등의 내용을 썼으면 정답으로 합니다.

18 몽골에서는 양에게 먹일 물과 풀을 찾아 자주 옮겨 다녀야 하기 때문에, 이동에 편리한 게르가 필요합니다.

자료 다시보기

세계 여러 고장 사람들의 집의 모습

▲ 이글루(그린란드)　　▲ 이즈바(러시아)

▲ 게르(몽골)　　▲ 동굴 집(터키)

19 여름철에 홍수로 집이 물에 잠길 위험이 있는 고장에서는 터를 돋우워 높은 곳에 터돋움집을 지었습니다.

20 옛날 강원도 산지 사람들은 나무를 쉽게 구할 수 있어서 나뭇조각으로 지붕을 얹은 너와집을 지었습니다.

18쪽 **수행 평가 ❶회**

1 (1) ㉠ 7 ㉡ 1 (2) ㉠ 7 ㉡ 1　**2** (1) **예** 얇은 옷을 입습니다. 더위를 피해 해수욕을 즐깁니다.　(2) **예** 두꺼운 외투를 입습니다. 모자와 장갑을 씁니다. 눈썰매장이나 스키장에 갑니다.

1 위 그래프를 보면 7월에 기온이 가장 높고 강수량이 가장 많으며, 1월에 기온이 가장 낮고 강수량이 가장 적습니다.

2 그래프의 7월은 여름, 1월은 겨울에 해당합니다.

19쪽 **수행 평가 ❷회**

1 (1) (나) (2) (마) (3) (다), (바)　**2** **예** 날씨가 추운 고장에서는 과일이나 채소를 기르기 어려워, 고기나 생선을 오래 보관할 수 있도록 말린 음식이 많습니다.

1 강원도 영월은 감자를 많이 심어서 감자로 만든 음식이 발달했습니다. 바다로 둘러싸인 일본에는 생선으로 만든 음식이 많습니다. 날씨가 덥고 비가 많이 내리는 고장에서는 열대 과일을 이용하거나 쌀을 이용한 음식이 발달했습니다.

2 날씨가 추운 고장에는 추위도 잘 자라는 호밀과 같은 곡식을 이용한 음식이나, 고기나 생선을 말린 음식이 많습니다.

2. 시대마다 다른 삶의 모습

1 옛날과 오늘날의 생활 모습

20쪽 묻고 답하기 **1**회

1 동굴 2 가락바퀴 3 청동 4 농경문 청동기 5 쟁기 6 갈돌 7 시루 8 가락바퀴 9 움집 10 기와

21쪽 묻고 답하기 **2**회

1 이동 2 움집 3 철 4 곡식 5 콤바인 6 맷돌 7 베틀 8 재봉틀 9 초가집 10 아파트

22쪽~23쪽 중단원 평가

1 ④ 2 가락바퀴 3 ④ 4 ② 5 ⑩ 적은 힘으로 다양하고 많은 양의 곡식과 채소, 과일을 얻을 수 있게 되었습니다. 6 ④ 7 ㉠ 8 ⑤ 9 ⑩ 음식을 만드는 도구가 발달하면서 빠르고 편리하게 다양한 음식을 만들어 먹을 수 있게 되었습니다. 10 방직기 11 ③ 12 ⑤

1 돌을 깨뜨려 도구를 만들어 쓰던 시대의 사람들은 추위나 동물의 공격을 피해 동굴이나 바위 그늘에서 살았습니다.

2 가락바퀴는 식물의 줄기를 꼬아서 실을 만들어 내는 도구입니다.

3 ④는 철로 만든 도구를 사용한 시대의 물건입니다.

4 철로 만든 농사 도구를 사용하면서 농업이 크게 발달했습니다.

5 오늘날에는 농기계를 사용해서 훨씬 편리하게 농사를 지을 수 있습니다.

채점 tip 편리하게 더 많은 양의 곡식과 채소, 과일을 얻을 수 있게 되었다는 내용을 썼으면 정답으로 합니다.

6 옛날 사람들은 곡식을 수확할 때 반달 돌칼을 사용하였습니다.

자료 다시보기

곡식을 수확하는 도구의 발달

반달 돌칼
돌을 갈아서 곡식을 베었음.

철로 만든 낫
날카로운 철로 곡식을 쉽게 베었음.

탈곡기
벼, 보리 등 곡식에서 낟알을 쉽게 얻을 수 있음.

콤바인
기계를 사용해 곡식을 수확하고 낟알을 빠르게 분리함.

7 철로 만든 뚜껑을 덮어 음식을 골고루 익혀 먹을 때 사용하던 도구는 가마솥입니다.

8 음식을 요리할 때 사용하는 도구는 '토기 → 시루 → 가마솥 → 전기밥솥'의 순서로 발달하였습니다.

9 도구가 발달하면서 사람들은 빠르고 편리하게 다양한 음식을 만들 수 있게 되었습니다.

채점 기준	상	빠르고 편리하게 다양한 음식을 만들어 먹을 수 있게 되었다고 쓴 경우
	중	생활이 편리해졌다라고만 쓴 경우

10 방직기는 실을 뽑아서 옷감을 짜는 기계로, 다양한 옷감을 빠르게 만듭니다.

11 움집 한가운데에는 불을 피워 음식을 만들어 먹고 따뜻하게 지낼 수 있었습니다.

자료 다시보기

사람들이 사는 집의 모습 변화

동굴, 바위 그늘	동굴이나 바위 그늘에서 추위와 더위를 피하고 사나운 짐승의 공격으로부터 몸을 보호했음.
움집	땅을 파서 기둥을 세우고 풀, 갈대, 짚 등으로 지붕을 덮어 움집을 만들었음.
초가집	볏짚을 엮어 지붕을 만들고, 나무와 흙으로 벽을 만든 집임.
기와집	흙을 구워 만든 기와로 지붕을 덮은 집임.
주택, 아파트	오늘날에는 주로 철근과 콘크리트로 만든 주택, 아파트 등에서 생활함.

12 ⑤는 오늘날 아파트에서의 생활 모습입니다.

BOOK **2** 평가북

2 단원

② 옛날과 오늘날의 세시 풍속

24쪽 　묻고 답하기 ①회

1 세시 풍속　2 정월 대보름　3 부채　4 삼복　5 팥죽　6 성묘　7 농사　8 김장　9 윷놀이　10 복조리

25쪽 　묻고 답하기 ②회

1 명절　2 한식　3 창포물　4 차례　5 긴　6 세배　7 알맞은　8 송편　9 달집태우기　10 복

26쪽~27쪽 　중단원 평가

1 명절　2 ②　3 ⑩ 조상들의 세시 풍속은 농사와 관련된 것이 많고, 계절과 날씨에 따라 알맞은 세시 풍속을 즐겼습니다.　4 ②　5 ②　6 ⑤　7 ③　8 ㄱ, ㄷ, ㅁ　9 ⑩ 옛날에는 주로 농사와 관련된 세시 풍속을 즐겼고, 오늘날에는 농사와 관련된 세시 풍속이 많이 사라졌습니다.　10 ㄱ, ㄷ, ㄹ　11 ③　12 ⑤

1 이외에도 우리나라의 명절에는 한식, 단오 등이 있습니다.

2 ② 명절에는 태극기를 달지 않아도 됩니다. 태극기는 주로 국경일에 답니다.

자료 다시보기

설날의 세시 풍속

하는 일	▲ 세배하기	▲ 성묘하기	▲ 차례 지내기
하는 놀이	▲ 윷놀이	▲ 제기차기	▲ 연날리기
입는 옷	▲ 한복	먹는 음식	▲ 떡국

3 이 밖에도 계절에 맞는 음식을 먹거나 덕담을 주고받는 등 건강과 복을 빌었다는 특징이 있습니다.

| 채점 기준 | 상 | 우리나라 세시 풍속의 특징 두 가지를 알맞게 쓴 경우 |
| | 중 | 우리나라 세시 풍속의 특징을 한 가지만 알맞게 쓴 경우 |

4 ② 토란국은 추석에 만들어 먹었던 음식입니다.

5 일 년 중 가장 더운 시기인 초복, 중복, 말복에 우리 조상들은 영양이 풍부한 닭백숙, 육개장 등을 먹었습니다.

자료 다시보기

세시 풍속에 따라 먹는 음식

정월 대보름	삼복
오곡밥과 부럼	닭백숙
추석	동지
송편과 토란국	팥죽

6 추석에는 마을 사람들이 모여 달맞이, 강강술래, 씨름 등의 놀이를 즐겼습니다.

자료 다시보기

옛날의 추석 세시 풍속

• 음력 8월 15일로, '한가위'라고도 부름.
• 한 해 동안 농사하며 거둔 곡식과 과일로 조상들께 차례를 지내고 성묘를 했음.
• 송편과 토란국 등의 음식을 만들어 먹었음.
• 강강술래, 달맞이, 씨름 등의 놀이를 즐겼음.

7 우리 조상들은 동지에 나쁜 기운을 쫓는 의미로 팥죽을 만들어 먹었습니다.

8 오늘날까지도 추석에 조상들께 차례를 지내고, 송편과 햇과일을 먹으며, 보름달을 보고 소원을 빌기도 합니다.

9 이 밖에도 옛날에는 일정한 계절이나 날에 알맞은 놀이를 즐기고 음식을 먹었지만, 오늘날에는 일정한 날이나 계절에 상관없이 재미로 놀이를 즐기고 음식을 먹습니다.

채점 tip 제시된 답안을 알맞게 썼으면 정답으로 합니다.

옛날에는 일정한 계절이나 날에 알맞은 놀이를 즐기고 음식을 먹었지만, 오늘날에는 일정한 날이나 계절에 상관없이 재미로 놀이를 즐기고 음식을 먹습니다.

10 오늘날에는 교통과 통신, 과학의 발달로 직업이 다양해지면서 세시 풍속의 모습이 많이 바뀌었습니다.

11 ③ 조상들은 설날부터 정월 대보름 사이에 윷놀이를 즐겼습니다.

자료 다시보기

윷놀이하는 방법
1 두 편으로 나누고, 각 편마다 윷말을 네 개씩 나누어 갖습니다.
2 윷을 던져 나온 결과에 따라 윷말을 옮깁니다.
3 윷 또는 모가 나오거나, 상대편 윷말을 잡으면 한 번 더 던집니다.
4 네 개의 윷말이 먼저 출발 칸으로 들어온 편이 이깁니다.

12 옛날 사람들은 설날에 조리를 일찍 살수록 좋은 일이 많이 생긴다고 믿었습니다.

28쪽~31쪽 **대단원 평가**

1 ①, ⑤ **2** ③ **3** 청동 **4** 예 철로 만든 농사 도구를 사용하면서 농업이 크게 발달했고, 철로 검, 갑옷 등의 무기를 만들면서 전쟁이 활발해졌습니다. **5** (1) ⓒ (2) ㉠ (3) ⓒ **6** ④ **7** (1) ㉠ (2) ⓒ **8** ④ **9** ①, ② **10** 예리 **11** 세시 풍속 **12** 예 나쁜 기운을 쫓기 위해 달집태우기와 쥐불놀이를 했습니다. **13** ⑤ **14** ④ **15** ② **16** ③ **17** 준호 **18** 부채 **19** ⑤ **20** 예 복조리를 집 벽에 걸어 두었습니다.

1 돌을 깨뜨려 도구를 만들어 쓰던 시대의 사람들은 추위나 동물의 공격을 피해 동굴이나 바위 그늘에서 살았습니다.

2 돌을 갈아서 도구를 만들어 쓰던 사람들은 돌과 나무를 이용한 농사 도구를 사용했습니다.

자료 다시보기

돌을 갈아서 도구를 만들어 쓰던 시대의 생활 도구

빗살무늬 토기	토기에 음식을 보관하거나 조리할 때 사용했음.
가락바퀴	가락바퀴로 실을 뽑아서 옷을 만들었음.
뼈낚시 도구	돌과 동물의 뼈를 갈아서 낚시 도구를 만들어 사용했음.

3 청동 거울과 비파형 동검은 청동으로 만든 도구로, 하늘에 제사를 지낼 때 부족장이 사용했습니다.

4 철로 만든 갑옷과 무기를 가진 사람들은 전쟁에서 쉽게 이길 수 있었습니다.

채점 기준	상	철로 만든 도구를 사용하면서 달라진 사람들의 생활 모습 두 가지를 알맞게 쓴 경우
	중	철로 만든 도구를 사용하면서 달라진 사람들의 생활 모습을 한 가지만 알맞게 쓴 경우

5 ㉠은 반달 돌칼, ⓒ은 돌괭이, ⓒ은 탈곡기의 쓰임새에 대한 설명입니다.

자료 다시보기

땅을 가는 도구의 발달

 돌괭이
나무 막대기 끝에 뾰족한 돌을 묶어 땅을 갈았음.

→

 철로 만든 괭이
나무 막대기 끝에 철로 만든 쇠붙이를 묶어 땅을 갈았음.

→

 쟁기
힘을 덜 들이고 논이나 밭을 고를 수 있게 되었음.

→

 트랙터
기계를 사용해 넓은 땅을 빠르게 갈 수 있게 되었음.

6 제시된 사진은 음식 재료를 가는 도구의 발달 과정을 나타낸 것입니다.

7 음식을 요리할 때 사용하는 도구는 '토기 → 시루 → 가마솥 → 전기밥솥' 순으로 발달했습니다.

8 제시된 내용은 옷감이나 실을 만드는 도구의 발달 과정을 나타낸 것입니다.

BOOK ② 평가북

2 단원

9 ③은 기와집, ④와 ⑤는 움집에 살던 사람들의 생활 모습입니다.

> **자료 다시보기**
>
> 여러 가지 집의 모습
>
>
>
> | 초가집 | 기와집 |
> | --- | --- |
> | 초가집 지붕의 재료인 볏짚은 불에 타기 쉽고, 잘 썩었기 때문에 지붕을 자주 갈아 줘야 했음. | 기와는 불에 잘 타지 않고, 썩지 않아서 지붕을 오랜 시간 바꾸지 않고 살 수 있었음. |

10 아파트는 방, 부엌, 화장실 등이 주로 집 안에 있어서 한 공간에서 다양한 생활을 할 수 있습니다.

11 우리 조상들은 계절과 날씨에 따라 알맞은 세시 풍속을 즐겼습니다.

12 달집태우기와 쥐불놀이를 하면서 들판의 잔디와 잡초를 태워 해충을 줄일 수 있었습니다.

> **채점 tip** 나쁜 기운을 쫓기 위해서, 해충을 줄이기 위해서, 농사가 잘되기를 빌기 위해서 등의 내용을 썼으면 정답으로 합니다.

13 단오에는 나쁜 기운을 쫓는다는 의미로 창포물에 머리를 감았습니다.

> **자료 다시보기**
>
> 세시 풍속을 즐기는 모습
>
>
>
> ▲ 한식   ▲ 단오
>
> ▲ 추석   ▲ 동지

14 삼복에는 더위를 피해 계곡이나 산으로 놀러 가거나, 영양이 풍부한 닭백숙, 육개장 등을 먹었습니다.

15 우리 조상들은 동지에 나쁜 기운을 쫓는 의미로 팥죽을 만들어 먹었습니다.

16 우리 조상들은 가을에 추수한 곡식과 과일로 차례를 지내고, 맛있는 음식을 나누어 먹었습니다.

17 우리 조상들은 세시 풍속을 통해 농사가 잘되기를 빌었습니다.

18 단옷날에는 여름을 시원하게 지내라는 의미로 부채를 주고받았습니다.

19 도는 한 칸, 개는 두 칸, 걸은 세 칸, 윷은 네 칸, 모는 다섯 칸을 움직이며, 윷이나 모가 나오거나 상대편 윷말을 잡으면 한 번 더 던질 수 있습니다.

20 옛날에는 설날에 복조리를 집 벽에 걸어 두고 복이 많이 들어오기를 빌었습니다.

> **채점 tip** 복조리를 걸었다는 내용을 썼으면 정답으로 합니다.

32쪽 수행 평가 ①회

> **1** 재봉틀 **2** ㈐, ㈑, ㈎ **3** ⑩ 옷을 만드는 도구가 발달하면서 다양한 종류의 옷을 쉽고 빠르게 만들 수 있게 되었습니다.

1 제시된 설명은 재봉틀에 대한 설명입니다.

2 옷감이나 실을 만드는 도구는 '가락바퀴 → 물레, 베틀 → 방직기'의 순서로 발달하였습니다.

3 오늘날에는 기계를 이용해 다양한 옷감을 빠르고 편리하게 만들 수 있습니다.

33쪽 수행 평가 ②회

> **1** 추석 **2** ⑩ 추석에 친척들과 차례를 지내고, 송편과 햇과일을 먹습니다. 보름달을 보고 소원을 빕니다. / ⑩ 오늘날에는 일정한 날이나 계절에 상관없이 재미로 놀이를 즐기고 음식을 먹습니다.

1 추석에는 한 해 동안 농사하며 거둔 곡식과 과일로 조상들께 차례를 지내고, 성묘를 하며, 송편을 먹습니다.

2 옛날과 오늘날 모두 추석에 조상들께 제사를 지내고 송편과 햇과일을 먹습니다. 하지만 오늘날보다 옛날 추석에 더 다양한 세시 풍속이 있었습니다.

3. 가족의 모습과 역할 변화

❶ 가족의 구성과 역할 변화

1 제시된 글은 가족에 대한 설명입니다.

2 옛날에는 신부의 집에서 결혼식을 했으며 혼례가 끝나면 부부는 신랑의 집으로 가서 폐백을 드렸습니다.

3 나무 기러기는 신랑과 신부가 오래도록 함께 행복하게 사는 것을 의미합니다.

자료 다시보기

나무 기러기
기러기는 죽을 때까지 사랑을 지키는 새로 알려져 있습니다. 나무 기러기는 신랑과 신부가 오래도록 함께 행복하게 사는 것을 의미합니다.

---

4 오늘날에는 결혼식 후 신랑과 신부가 결혼식장에 있는 폐백실에서 폐백을 드립니다.

채점 **tip** 폐백을 드린다는 내용을 썼으면 정답으로 합니다.

5 결혼하지 않은 자녀와 부모가 함께 사는 가족을 핵가족, 결혼한 자녀와 부모가 함께 사는 가족을 확대가족이라고 합니다.

6 온유의 가족이 가족 구성원의 수는 가장 많지만 결혼하지 않은 자녀와 부모로 이루어진 핵가족의 형태입니다.

7 ④ 농사를 짓기 위해 할머니, 할아버지와 함께 사는 것은 오늘날에 핵가족이 늘어난 까닭으로 적절하지 않습니다.

8 옛날에는 주로 남자가 바깥일을, 여자가 집안일을 하고, 가족의 중요한 일을 결정할 때에는 집안에서 나이 많은 어른이 결정했습니다.

9 ② 오늘날에는 가족이 함께 역할을 나누어 집안일을 합니다.

자료 다시보기

오늘날 가족 구성원의 역할 변화

맞벌이 가정 증가	공동 양육

부모가 모두 일하는 경우가 많아짐.	부모가 함께 자녀를 돌봄.
가족 간 집안일 분담	가족 구성원의 의견 존중
가족이 함께 역할을 나눠 집안일을 함.	가족의 일을 함께 의논하여 결정함.

---

10 오늘날에는 남녀의 역할 구분이 없어지고, 남녀 모두 교육받을 기회가 동등해졌습니다.

11 가족 구성원 간의 갈등이 생겼을 때는 갈등을 해결하려고 노력하는 태도가 중요합니다.

채점 **tip** 가족 구성원의 생각을 이해하고 존중하는 자세가 필요하다는 내용을 썼으면 정답으로 합니다.

이런 답도 가능해!

갈등을 해결하려고 노력하는 자세를 가집니다. 가족 모두가 만족할 수 있는 해결 방법을 찾기 위해 노력합니다.

---

12 행복한 가정을 만들기 위해서는 가족 모두가 서로 존중하고 배려하는 마음을 가져야 합니다.

BOOK ❷ 평가북

3 단원

2 다양한 가족이 살아가는 모습

38쪽 묻고 답하기 ❶회

1 확대 가족   2 한 부모   3 조손 가족   4 다양한
5 관심   6 존중   7 예 역할극 하기, 그림 그리기,
만화로 표현하기, 뉴스로 표현하기, 동시 짓기   8
다르다   9 격려   10 반려동물

39쪽 묻고 답하기 ❷회

1 핵가족   2 조부모님(할아버지·할머니)   3 다문
화   4 늘어나고   5 다양한   6 배려   7 뉴스   8
똑같습니다   9 예절   10 보금자리

40쪽~41쪽 중단원 평가

1 (2) ○   2 ㉢   3 ㉠   4 예 조부모님과 손자·손
녀로만 이루어진 가족을 말합니다.   5 ③   6 (2) ○
7 ⑤   8 예 다양한 가족이 모두 행복하게 지내기 위
해서 다른 가족을 돕고 배려합니다.   9 ④   10 ㉣
11 예 격려해   12 반려동물

1 (2)는 할아버지, 할머니, 아버지, 어머니, 나, 동생으
로 이루어진 확대 가족의 모습입니다.

2 부모님 중 한 분과 자녀만으로 이루어진 가족을 한
부모 가족이라고 합니다.

3 부부가 직접 낳지는 않았지만, 입양을 통해 이루어
진 가족을 입양 가족이라고 합니다.

4 오늘날에는 사회가 변화하면서 다양한 형태의 가족
이 늘어나고 있습니다.
  채점 tip 조부모님과 손주로만 이루어진 가족이라는 내용을 썼으
  면 정답으로 합니다.

5 ③ 가족은 결혼뿐만 아니라 출산, 입양 등을 통해서
도 만들어집니다.

6 우리 사회에는 우리 가족과 같거나 비슷한 형태의
가족도 있고, 다른 형태의 가족도 있습니다.

자료 다시보기

오늘날의 다양한 가족 형태

확대 가족	결혼한 자녀와 부모가 함께 사는 가족
핵가족	결혼하지 않은 자녀와 부모가 함께 사는 가족
입양 가족	부부가 직접 낳지는 않았지만, 입양을 통해 이루어진 가족
한 부모 가족	부모님 중 한 분과 자녀만으로 이루어진 가족
조손 가족	조부모님과 손자·손녀로만 이루어진 가족
재혼 가족	재혼을 한 부부와 그의 자녀들로 구성된 가족
다문화 가족	부모님 중 한 분이 외국인인 가족

7 ⑤ 가족끼리는 자기 일을 스스로 하고 미루지 않아
야 합니다.

8 이 밖에 다른 가족을 무시하거나 마음에 상처를 주
는 말과 행동을 해하지 않습니다.
  채점 tip '다른 가족의 모습을 이해하려고 노력한다.' 등 다양한 가
족의 생활 모습을 존중한다는 내용을 썼으면 정답으로 합니다.

이런 답도 가능해!

다양한 가족의 모습을 이해하려고 노력합니다. 가족의 모습
이 우리 가족과 다르다고 이상하게 생각하지 않습니다. 다른
가족을 무시하거나 마음에 상처를 주는 말과 행동을 하지 않
습니다. 다른 가족이 겪는 어려움에 관심을 가집니다.

9 ④ 그래프를 이용하면 조사한 자료를 알아보기 쉽
게 나타낼 수는 있지만 다양한 가족의 생활 모습은
표현하기 어렵습니다.

자료 다시보기

다양한 가족의 생활 모습 표현 방법

역할극 하기	가족의 특징이 잘 드러나도록 대본을 쓰고, 역할극을 함.
뉴스로 표현하기	기자가 되어 다양한 가족의 모습을 뉴스로 소개함.
그림 그리기	다양한 가족의 생활 모습을 그림으로 그림.
만화로 표현하기	다양한 가족의 특징을 만화로 재미있게 표현함.
동시 짓기	가족의 생활 모습을 담은 시를 지어 표현함.

10 가족은 항상 내 편이 되어 주는 사람들입니다.

11 가족은 내가 자신감과 용기를 가질 수 있도록 항상 격려해 줍니다.

12 반려동물은 사람과 함께 살아가는 존재로 여기며 가까이 두고 감정을 교류하며 지내는 개, 고양이, 물고기 등의 동물을 말합니다.

자료 다시보기

옛날과 오늘날의 결혼식 모습 비교하기

구분	옛날의 결혼식	오늘날의 결혼식
결혼식 장소	신부의 집	결혼식장, 정원, 공원 등
입는 옷	전통 혼례복	신랑은 턱시도, 신부는 웨딩드레스
주고받는 것	나무 기러기	결혼반지
결혼식 후 하는 일	신랑의 집에서 신랑의 부모님께 폐백을 드림.	• 결혼식장에 있는 폐백실에서 폐백을 드림. • 신혼여행을 감.
공통점	• 사람들에게 두 사람이 부부가 된 것을 알림. • 가족과 친척이 모여 신랑과 신부의 행복한 미래를 축복해 줌.	

42쪽~45쪽 대단원 평가

1 ③ **2** ③, ⑤ **3** ⑤ **4** (1) 확 (2) 핵 (3) 확 **5** ⑩ 옛날에는 주로 농사를 지어 일할 사람이 많이 필요했기 때문입니다. **6** ④ **7** ㉠, ㉡, ㉣ **8** ② **9** (2) ○ **10** 역할 **11** 다문화 가족 **12** ③ **13** ② **14** 신문 **15** ⑩ 많은 아이가 건강하게 자라도록 보살펴 주고 싶었기 때문입니다. **16** ③ **17** 역할극 대본 **18** ⑩ 직접 인물이 되어서 상황을 이해하기 좋습니다. **19** ① **20** ④

1 ③ 오늘날에는 야외 결혼식, 이색 결혼식 등 다양한 형태의 결혼식이 있지만, 옛날에는 한 가지 형태만 있었습니다.

2 폐백 때 어른들은 신랑과 신부의 절을 받은 후 신부의 치마에 대추나 밤을 던져 주는데, 이는 '자식을 많이 낳고 부자가 되어라.'라는 의미입니다.

자료 다시보기

폐백에서 대추와 밤

폐백 때 어른들은 신랑과 신부의 절을 받은 후 신부의 치마에 대추나 밤을 던져줍니다. 이는 '자식을 많이 낳고 부자가 되라'는 의미입니다.

---

3 두 사람이 부부가 된 것을 많은 사람들에게 알리고, 가족과 친척이 모여 신랑과 신부의 행복한 미래를 축복해 준다는 점이 같습니다.

4 (1)과 (3)은 결혼한 자녀와 부모가 함께 사는 확대 가족이고, (2)는 결혼하지 않은 자녀와 부모가 함께 사는 핵가족입니다.

5 옛날에는 주로 농사를 지어 일할 사람이 많이 필요해서, 자녀가 결혼을 해도 부모와 함께 사는 경우가 많았습니다.

채점 tip 농사를 지어 일할 사람이 많이 필요했기 때문이라는 내용을 썼으면 정답으로 합니다.

6 오늘날에는 취업이나 교육을 위해 다른 지역으로 이사를 가거나 개인 생활을 중요시하여 독립하는 경우가 늘어났습니다. ④는 확대 가족이 된 까닭입니다.

자료 다시보기

오늘날 핵가족이 늘어난 까닭

일자리가 다양해졌고, 편리한 생활을 위해 다른 지역으로 이동하는 사람들이 많아졌습니다.

---

7 ㉢ 옛날에는 가족 구성원의 역할이 구분되어 있었습니다.

8 오늘날에는 남녀의 역할 구분이 없어졌습니다. 따라서 아들이나 딸이라고 해서 역할이 다르지는 않습니다.

9 오늘날에는 남녀 모두 교육받을 기회가 동등해지면서 여성의 사회 활동이 활발해졌고, 남녀가 평등하다는 의식이 높아지면서 가족 구성원의 역할도 변화했습니다.

> **자료 다시보기**
>
> **오늘날 가족 구성원의 역할이 변한 까닭**
>
> | 동등한 교육받을 기회 | 옛날과 달리 오늘날에는 남녀가 교육받을 기회가 동등해짐. |
> |---|---|
> | 동등한 사회 활동 기회 | 남녀 모두 사회 활동의 기회가 동등해짐. |
> | 남녀평등 의식 향상 | 남녀가 평등하다는 의식이 높아짐. |

10 이 밖에도 문제가 생겼을 때는 대화를 나누며 협력하고 함께 해결하는 자세가 필요합니다.

11 부모님 중 한 분이 외국인인 가족을 다문화 가족이라고 합니다.

12 11번의 답은 아버지가 외국인인 다문화 가족입니다.

13 제시된 자료는 부모님의 재혼으로 두 가족이 새롭게 한 가족이 된 모습을 나타낸 것입니다.

14 다양한 가족의 생활 모습을 도서 자료, 뉴스나 신문, 영상 자료 등에서 살펴볼 수 있습니다.

15 신문 기사 속 부부는 입양을 통해 얻은 아이가 건강하게 자라도록 사랑으로 보살피고 있습니다.

> **채점 tip** 많은 아이가 건강하게 자라도록 보살펴 주고 싶었다는 내용을 썼으면 정답으로 합니다.

16 다양한 형태의 가족이 함께 살아가는 곳이 우리 사회입니다.

17 제시된 자료는 다양한 가족의 생활 모습을 역할극 대본으로 표현했습니다.

18 다양한 가족의 생활 모습을 역할극으로 표현하면 직접 인물이 되어서 상황을 이해하기 좋습니다.

> **채점 tip** 직접 인물이 되어서 상황을 이해하기 좋다는 내용을 썼으면 정답으로 합니다.

19 ① 가족은 슬프거나 힘들 때 의지할 수 있는 사람들입니다.

20 ④ 동물과 함께 살아가는 가족 중 많은 사람이 동물을 가족 구성원과 같이 소중하게 생각합니다.

46쪽 **수행 평가 ❶회**

> **1** ㈎ 오 ㈏ 옛 **2** ㉠ 결혼식장 ㉡ 나무 기러기 ㉢ 예 신랑의 집에서 신랑의 부모님께 폐백을 드립니다. **3** 예 사람들에게 두 사람이 부부가 된 것을 알립니다. 가족과 친척이 모여 신랑과 신부의 행복한 미래를 축복해 줍니다.

1 ㈎는 오늘날의 결혼식, ㈏는 옛날의 결혼식 모습입니다.

2 옛날과 오늘날의 결혼식은 결혼식을 하는 장소, 결혼식을 할 때 입는 옷, 결혼식을 하는 방법 등이 다릅니다.

3 결혼식은 두 사람이 부부가 되어 새로운 가족을 이루는 중요한 의식입니다.

47쪽 **수행 평가 ❷회**

> **1** ㈎ 확대 가족 ㈏ 입양 가족 ㈐ 다문화 가족 **2** 예 오늘날에는 사회가 변화하면서 다양한 형태의 가족이 늘어나고 있습니다.

1 ㈎는 결혼한 자녀와 부모가 함께 사는 확대 가족, ㈏는 부부가 직접 낳지는 않았지만 입양을 통해 이루어진 가족, ㈐는 부모님 중 한 분이 외국인인 다문화 가족입니다.

2 우리 사회에는 우리 가족과 같거나 비슷한 형태의 가족도 있고, 다른 형태의 가족도 있습니다.

동아출판)

바른 국어 독해의 빠른시작

초등부터 빠작

바른 독해의 빠른시작 **빠작!**

비문학 독해·문학 독해 영역별로 깊이 있게
지문 독해·지문 분석·어휘 학습 3단계로 체계적인 독해 훈련
다양한 배경지식·어휘 응용 학습

비문학 독해 1~6단계   문학 독해 1~6단계

친절한 해설북

초등학교   학년   반   번   이름

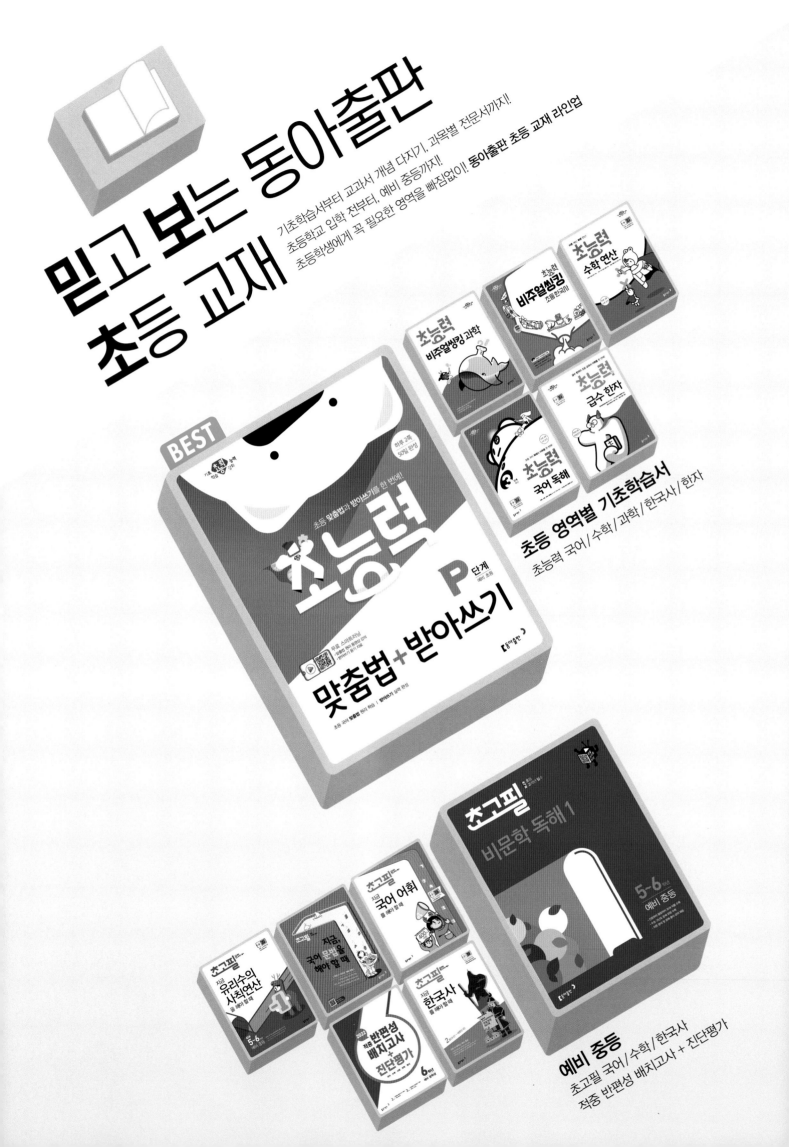